신앙생활 설명서

조현삼 지음

생명의말씀사

신앙생활
설명서

ⓒ 생명의말씀사 2011, 2012

2011년 9월 30일 1판 1쇄 발행
2011년 10월 25일   5쇄 발행
2012년 5월 31일 2판 1쇄 발행
2024년 7월 18일   6쇄 발행

펴낸이 | 김창영
펴낸곳 | 생명의말씀사

등록 | 1962. 1. 10. No.300-1962-1
주소 | 서울시 종로구 경희궁1길 6 (03176)
전화 | 02)738-6555(본사) · 02)3159-7979(영업)
팩스 | 02)739-3824(본사) · 080-022-8585(영업)

지은이 | 조현삼

기획편집 | 유선영, 서지연
디자인 | 조현진, 오수지
인쇄 | 영진문원
제본 | 보경문화사

ISBN 978-89-04-15986-4 (03230)

저작권자의 허락없이 이 책의 일부 또는 전체를
무단 복제, 전재, 발췌하면 저작권법에 의해 처벌을 받습니다.

이 땅에서 천국을 미리 경험하도록 돕는

신앙생활 설명서

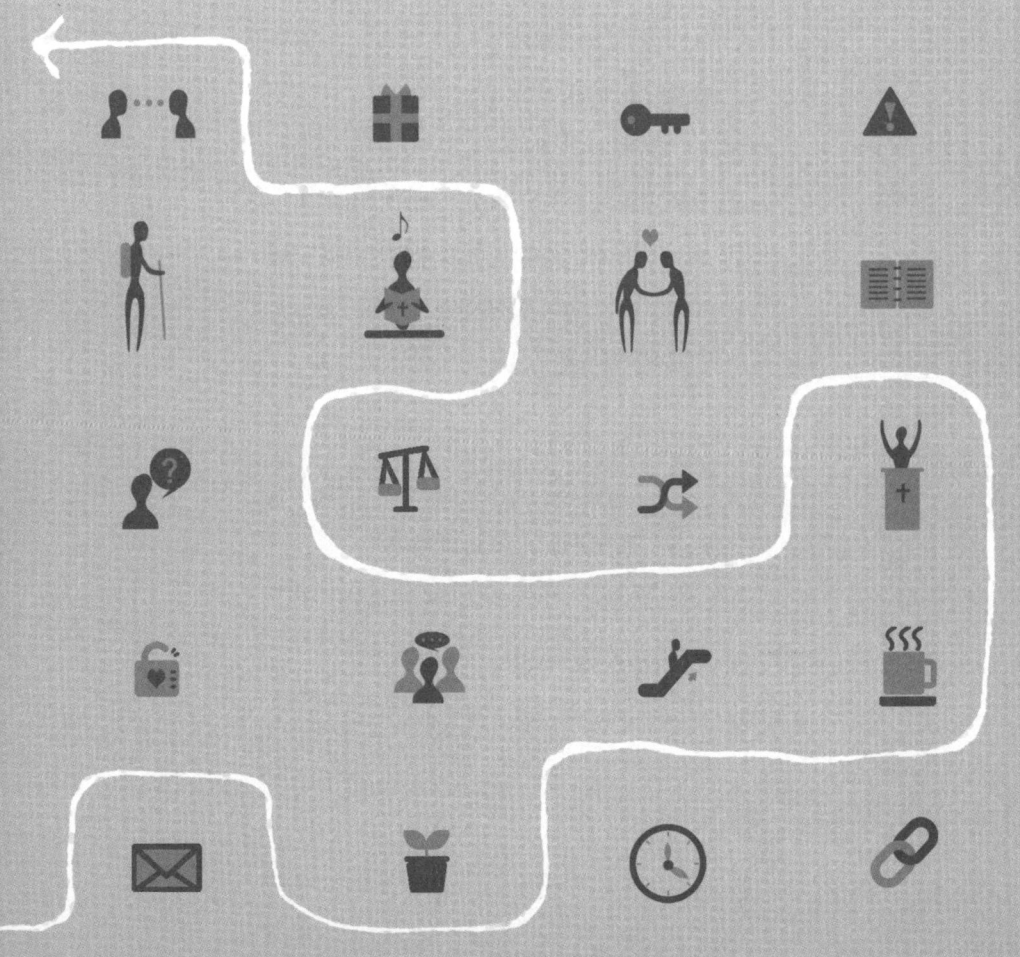

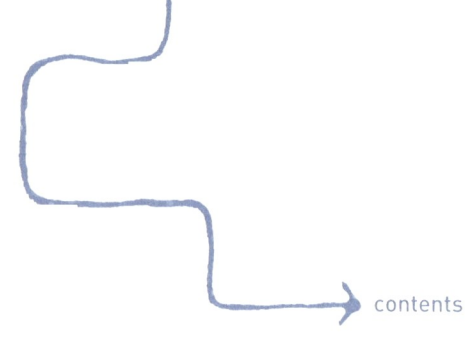
contents

intro 6

신앙생활1_생명과 만족
이 보다 나은 인생은 없다! 최고의 인생이다

- 1장 솔로몬의 행복 찾기 16
- 2장 솔로몬이 찾은 행복 32
- 3장 성막에서의 솔로몬 전도서에서의 솔로몬 40
- 4장 먹고 마시며 _ 생명이 있어야 행복하다 51
- 5장 수고 _ 자기 일이 있어야 행복하다 71
- 6장 선을 행하는 것 _ 선행이 있어야 행복하다 82

신앙생활2_경외와 순종
나는 사람이다! 사람의 본분을 따라 사는

- 7장 나는 경외하는 사람이다 93
- 8장 나는 순종하는 사람이다 120

신앙생활 3 _ 은혜와 율법
은혜 받은 나를 자유롭게 하는 율법

9장 율법 시험 155

10장 구원받은 나를 자유롭게 하는 율법 181

신앙생활 4 _ 회개와 용서
나에게는 죄를 없애는 하늘나라 카드가 있다

11장 하늘나라에서 발급 받은 카드 두 장 211

12장 내가 지은 죄를 없애는 회개 카드 사용설명서 221

13장 다른 사람이 내게 지은 죄를 없애는 용서 카드 사용설명서 235

14장 하늘나라에서 발급 받은 카드 두 장은 우리를 다시 살게 한다 253

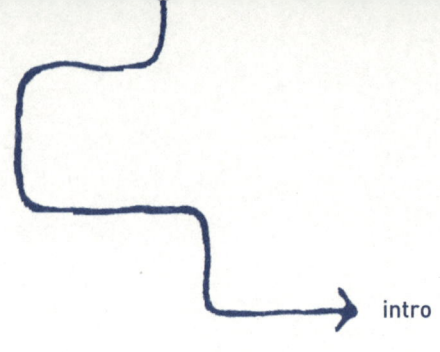

intro

　초등학교 과목 중에 '바른생활'이 있었습니다. 과목 이름이나 책 이름으로 알고 지내던 '바른생활'이 어느 날 "아, 이것이 '바른' '생활'이구나"하고 눈에 들어 왔습니다. 신앙생활도 마찬가지가 아닐까 싶습니다. 어려서부터 신앙생활이라는 말을 듣고 자라다 보니 이것이 '신앙'과 '생활'로 구성되어 있다는 단순한 사실을 놓칠 수도 있습니다.

　신앙생활, 참 쉽고 깊은 표현입니다. 예수 믿고 구원 받은 우리의 삶을 이보다 더 명확하게 표현해 줄 말이 또 있을까 싶습니다. 구원 받은 우리의 삶을 한마디로 축약하면 신앙생활입니다. 구원 받기 전과 구원 받은 후의 변화는 생활이 신앙생활이 된 것입니다. 예수 믿는 우리의 삶이 신앙생활입니다. 신학적 표현인 성화의 과정도 신앙생활입니다. 주님과 동행하는 삶도 신앙생활입니다.

　'신앙'과 '생활'로 구성된 신앙생활은 떼려야 뗄 수 없는 관계입니다. 신앙과 생활은 항상 함께 있어야 합니다. 이 둘은 구분이 가능하지만 분리는 불가능합니다. 신앙과 생활이 분리되는 순간 '죽음'이기 때문입니다. 신앙과 생활이 함께 있으면 살아 있는 믿음이고 이 둘이 떨어져 있으면 죽은 믿음입니다. 우리의 신앙은 생활이 되어야 하고 우리의 생활은 신앙에 근거해야 합니다.

신앙생활은 생활의 한 부분이 아닙니다. 신앙생활은 우리의 생활 전체입니다. 신앙생활은 우리의 생활 전 영역의 기본이고 기초입니다. 우리의 가정생활이 신앙생활이고 우리의 직장생활이 신앙생활이고 우리의 교회생활이 신앙생활이고 우리의 사회생활이 신앙생활입니다. 이 책은 우리 삶의 전 영역의 기본과 근본이 되는 이 신앙과 생활을 다루고 있습니다.

신앙생활을 시작하고 어느 정도 시간이 흐르면 궁금해지는 것이 많습니다. 알고 싶은 것도 많습니다. 손에 잡힐 듯하지만 잡히지 않는 헷갈리는 주제들도 있습니다. 이 책에서 다루고 있는 주제들, 특별히 은혜와 율법 같은 경우도 그 중 하나가 아닐까 싶습니다.

이런 주제들에 대해 관심을 갖고 해당 주제의 책을 추천받아 읽다 보면 어렵게 느껴지는 경우가 있습니다. 책을 쓴 분들이 대부분 학자들로, 독자가 어느 정도 신학지식이 있는 것을 전제로 저술한 책들이기 때문에 신학적인 지식이 없는 입장에서 읽으면 어렵게 느껴질 수 있습니다. 그러나 이런 책들은 신학을 공부하는 사람들에게는 꼭 필요한 책입니다.

이런 책을 몇 권 읽다보면, "아, 누가 이런 것을 좀 쉽게 풀어서 설명해 주면 좋을 텐데……" 하는 마음이 듭니다. 오래전 일이지만 저도 같은 고민을 했던 적이 있어서 이 마음을 압니다. 이 책은 바로 이런 분들을 위한 신앙생활 설명서입니다. 쉬우면서도 명료하게, 그러면서도 깊이는 여전하게 설명하는 것에 중점을 두고 썼습니다.

구약을 전공한 어느 목사님과 이야기를 나누다 은혜와 율법에 대해 책을 쓰고 있다고 했더니 "은혜와 율법이요?" 하며 놀라는 반응을 보였습니다. 신학자들도 웬만하면 피하려고 하는 주제를 현장 목회자가 쓴다고 하니 놀라 묻는 것입니다.

'은혜와 율법' 장章을 쓴 후에 신학대학원 교수 두 분에게 감수를 부탁했습니다. 그 중 한 분은 조직신학 교수입니다. 원고를 보내 놓고 감수 결과를 받기까지, 그 기간은 마치 시험을 보고 성적표를 기다리는 학생 같은 심정이었습니다. 다행히도 교수님들이 "목회자가 이런 시도를 했다"며 격려해 줘서 힘을 얻었습니다.

우리가 어릴 때는 부드럽고 연한 것을 먹어야 하겠지만 때가 되면 딱딱한 것도 먹어야 합니다. 『신앙생활 설명서』에서 다루는 주제들은 그리스도인들에게 꼭 필요한 것이지만 조금은 딱딱한 것에 해당됩니다. 하지만 딱딱한 것을 그대로 내어 놓지는 않았습니다. 제목대로 설명서입니다. 딱딱한 것을 먹고 소화시킨 후에 풀어서 설명했습니다.

일반적으로 책은 처음부터 읽어야 합니다. 그러나 이 책의 경우는 관심사가 높은 부분부터 읽어도 됩니다. 이 책을 통해 독자들의 삶이 천국을 경험하는 신앙생활이 되기를 소망합니다.

2011년 9월. 이 책이 세상에 처음 나올 때 제목은 『삶을 찾아서』였습니다. 2012년 5월에 책 제목을 『신앙생활 설명서』로 바꿨습니다. 이것을 이번에 좀 더 설명을 구체화하고 명확한 중간 제목을 달았습니다.

사랑합니다.

2016년 4월

신앙생활1_생명과 만족

이 보다 나은 인생은 없다!
최고의 인생이다

솔로몬의 구원 여정

"헛되고 헛되며 헛되고 헛되니 모든 것이 헛되도다."

이것은 실패한 사람의 탄식이 아니다. 다윗의 아들 이스라엘 왕 솔로몬의 말이다. 이 말은 전도서를 쓰면서 그가 한 첫마디다. 허무주의를 예찬하는 말이 아니다. 살고 싶었던 사람, 정말 인생 한번 제대로 살고 싶었던 사람, 진실로 의미 있는 인생을 살고 싶었던 사람 솔로몬이 한 말이다.

솔로몬의 삶은 고단했다. 허무했다. 말로 다 할 수 없이 피곤한 인생이었다. 경제적으로 힘들고 어려워서 그런 게 아니었다. 그는 왕이었다. 권력과 재력을 모두 손에 쥔 사람이었다. 그런 그가 "사람이 해 아래서 수고하는 모든 수고가 자기에게 무엇이 유익하냐"며 삶의 고통을 호소하고 있는 것이다. 그는 "만물의 피곤함을 사람이 말로 다 할 수 없나니 눈은 보아도 족함이 없고 귀는 들어도 차지 아니한다"고 하며 인생의 피곤함을 토로했다. 솔로몬은 모든 것이 다 있는 것 같은데도 아무것도 없는 것 같은 공허함과 허전함 속에 헛되고 헛되며 헛되고 헛되니 모든 것이 헛되다고 탄식했다.

그는 어쩌면 날마다 '이것은 아닌데, 이것은 아닌데……' 하면서 살았을지 모른다. 그는 막연하게 자신의 인생을 다 걸어도 아깝지 않은, 바로 이거다 싶은 그 무엇인가가 있을 것이라고 생각했다. 그런데 문제는 그것이 무엇인지를 모른다는 것이다. 분명 지금과는 다른 그 어떤 삶이 있을 것이라고 생각은 드는데 그것이 무엇인지는 몰랐다.

그는 무조건 시도해 보기로 했다. 자신이 생각할 때 이거다 싶은 것이 있으면 그것을 일단 해 보기로 했다. 이렇게라도 하지 않으면 견딜 수가 없었다. 왜냐하면 그것을 찾지 못한 채로 산다는 것은 너무나 고통스러웠기 때문이다. 다른 사람들이 볼 때는 한 나라의 왕이니 그가 성공한 것처럼 보였지만 정작 자신이 보기에 그의 인생은 실패 그 자체였다. 사람들이 부러워하는 일들이 그 자신에게는 모든 것이 헛되고 의미 없는 일들이었다.

솔로몬은 자신이 갖고 있는 모든 것을 다 동원해서 자신이 갈망하는 것을 찾기 위해 여러 시도를 했다, 그것이 무엇인지도 모른 채. 그가 갈망하던 것을 찾기까지, 그는 방황했다. 이때는 솔로몬의 방황기다.

여러 시행착오를 거치고 많은 대가를 치른 후에 그는 드디어 찾았다. 그렇게 갈망하던 그것을 찾은 것이다.

"아, 이것이다. 바로 이것이야!"

그것을 찾은 솔로몬은 몇 번씩이나 "이것보다 나은 것이 없다"고 강조했다.

"사람이 먹고 마시며 수고하는 가운데서 심령으로 낙을 누리게 하는 것보다 나은 것이 없다." 전 2:24(개역한글)

"사람이 사는 동안에 기뻐하며 선을 행하는 것보다 더 나은 것이 없는 줄을 내가 알았다." 전 3:12

"나는 사람이 자기 일에 즐거워하는 것보다 더 나은 것이 없음을 보았다." 전 3:22

"사람이 먹고 마시고 즐거워하는 것보다 더 나은 것이 해 아래에는 없다." 전 8:15

이것보다 나은 것이 없다는 것은 이것이 최고라는 말이다. 솔로몬은 이 보다 나은 것이 없는, 최고의 인생을 찾았다. 최고의 삶을 찾은 솔로몬은 펜을 들고 자신이 최고의 삶을 찾기까지의 여정을 써 내려갔다. 이것이 전도서다.

솔로몬이 그렇게 사모하며 찾으려고 여러 가지 시도를 하다 마침내 찾은 이보다 나은 것이 없는 인생, 최고의 인생은 심령으로 낙을 누리는 것이고 기뻐하며 선을 행하는 것이고 자기 일에 즐거워하는 것이고 먹고 마시고 즐거워하는 것이다. 우리는 심령으로 낙을 누리는 것, 기뻐하며 선을 행하는 것, 자기 일에 즐거워하는 것, 먹고 마시고 즐거워하는 것을 행복이라 부르려고 한다.

이제 우리는 솔로몬과 함께 이 보다 나은 것이 없는 인생, 최고의 인생, 행복을 찾아 떠나려고 한다. 후회가 없는 인생, 모든 것을 다 걸어도 아깝지 않은 최고의 인생을 찾아서.

먼저 우리는 솔로몬이 '헛되고 헛되며 헛되고 헛된 것'으로부터 벗어나기 위해, 곧 행복을 찾기 위해 그가 어떤 시도들을 했는지 살펴보려고 한다.

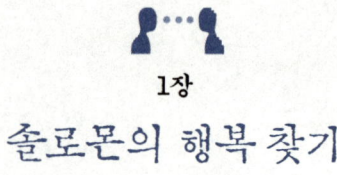

1장
솔로몬의 행복 찾기

솔로몬은 이스라엘의 세 번째 왕이다. 아버지 다윗을 이어 이스라엘의 왕이 되었다. 솔로몬은 왕으로 즉위하면서 본격적으로 행복을 찾는 일에 착수했다.

공부를 열심히 하고

연구를 열심히 해 지식이 많아지면 행복할 줄 알았다. 솔로몬이 왕이 되어 한 첫 번째 시도는 연구다.

"12나 전도자는 예루살렘에서 이스라엘 왕이 되어 13마음을 다하여 지혜를 써서 하늘 아래에서 행하는 모든 일을 연구하며 살핀즉 이는 괴로운 것이니 하나님이 인생들에게 주사 수고하게 하신 것이라.

14내가 해 아래에서 행하는 모든 일을 보았노라. 보라, 모두 다 헛되어 바람을 잡으려는 것이로다."전 1:12-14

솔로몬은 온 마음을 다하고 지혜를 동원하여 하늘 아래서 일어나는 모든 일을 연구하며 탐구했다. 연구하는 일에는 자신이 있었다. 그는 스스로 "내가 크게 되고 지혜를 더 많이 얻었으므로 나보다 먼저 예루살렘에 있던 모든 사람들보다 낫다"전 1:16 고 평가할 정도로 연구에는 자신이 있었다. 지혜와 지식을 많이 접해 본 경험에서 나온 자신감이다.

그는 연구에 몰입하고 연구에 연구를 거듭했다. 지혜를 알기 위해 연구했고 미친 것들과 미련한 것들을 알고자 하여 마음을 썼으나 그가 얻은 것은 '이것도 바람을 잡으려는 것인 줄을 깨달은 것' 뿐이다. 연구를 통해 많아진 지혜와 지식이 그의 허전한 마음을 채워주지 못했다. 그는 연구를 통해 얻은 지식이 늘어나는 만큼 행복도 늘어 날 줄 알았다. 나아가 이것이 인생에 의미가 되고 보람이 될 줄 알았다.

그러나 막상 시도해 보니 아니었다. 이 과정을 통해 "지혜가 많으면 번뇌도 많고 지식을 더하는 것은 근심을 너하는 것"이라는 것을 안 것이 솔로몬이 거둔 수확이라면 수확이다. 그는 전도서 말미에 "많은 책들을 짓는 것은 끝이 없고 많이 공부하는 것은 몸을 피곤하게 하느니라"전 12:12는 말을 남겼다. 수능 시험을 앞에 둔 학생들에게 한 말이 아니다. 학문이 깊어지면 공허한데서 벗어나 행복할 것이라는 가정 하에 허전한 마음을 연구로 채워 보려고 하는 이들을 향해 한 말이다.

즐거움을 목적으로 인생을 개편하면 행복할 줄 알았다

지혜와 지식이 많아지면 행복할 줄 알았는데 오히려 번뇌와 근심이 많아지는 것을 깨달은 솔로몬은, 이번에는 자신을 즐겁게 하기로 작정했다. 즐거움이 허무함을 상쇄시켜 줄 것으로 기대했다. 그는 즐거움을 목적으로 인생을 개편했다. 모든 일의 목적을 즐거움으로 고정했다. 무엇을 하든지 즐거움을 위해서 했다. 그리고 자기 자신을 향해 외쳤다.

"자, 내가 시험 삼아 너를 즐겁게 하리니 너는 낙을 누리라." 전 2:1

즐거움을 목적으로 인생을 개편하면 더는 삶이 헛되지 않을 줄 알았다. 더는 허전하지 않고 허무하지 않을 줄 알았다. 인생이 의미 있고 보람 있을 줄 알았다.

그러나 이것도 허사였다. 즐거움을 목적으로 한 일들이 하나도 즐겁지 않았다. 쾌락을 목적으로 살아 보았지만 여전히 허전했다. 허무했다. 거기엔 쾌락이 없었다. 이것도 헛된 일이었다. 솔로몬은 "알고 보니 웃는 것은 미친 것이고 즐거움은 쓸데없는 것"전 2:2(새번역)이라며 한탄했다.

솔로몬은 즐거움이 그것을 목적으로 삼을 때 도망가는 특성이 있다는 사실을 몰랐던 것 같다. 즐겁기 위해 한 일이 즐겁지 않은 이유 중에 하나는 이 때문이다. 사람은 행복하기 원한다. 솔로몬의 몸부림도 행복하기 위함이다. 그러나 행복은 그것을 목적으로 삼는 순간 저만치 달아난다. 행복을 목적으로 삼고 사는 사람들이 행복하지 못한 이유다. 행복은 내가 목표로 삼고 달려가서 얻는 것이 아니다. 솔로몬은 이것을 몰랐다.

행복을 목적으로 인생을 개편했는데도 솔로몬은 행복하지 않았다. 솔로몬은 실망했다. 하지만 '헛되고 헛되며 모든 것이 헛된 것'으로부터 벗어나고자 하는 그는 몸부림을 멈추지 않았다. 분명 어딘가에 있을 행복을 그는 계속 찾았다.

술이
행복을 줄 줄 알았다

솔로몬은 이번에는 술로 자신의 육신을 즐겁게 하고 낙을 누려 보려고 마음먹었다. 헛된 세상으로부터 벗어나기 위해 알코올의 도움을 받기로 했다.

"내가 어떻게 하여야 내 마음을 지혜로 다스리면서 술로 내 육신을 즐겁게 할까?" 전 2:3

술은 말 그대로 술을 가리키기도 하고 세상의 쾌락을 일컫는 대명사이기도 하다. 솔로몬은 어쩌면 술이 자신의 허전한 마음을 채워주고 허무함을 날려버리고 행복하게 해 줄지 모른다고 생각했다. 괜히 '인생이 허전하네, 허무하네' 하면서 '인생에 대해 복잡하게 생각하지 말고 모든 것을 다 잊고 술이나 즐기자' 고 생각했는지 모른다. 이것저것 시도하다 뜻대로 되지 않을 때 사람들이 술을 찾는 것과 같은 마음이 솔로몬에게도 있었던 것 같다. 그는 술을 즐기며 세상에 취해 사는 것이 오히려 고뇌하며 고통스럽게 사는 것 보다 낫다고 생각했는지 모른다.

술에 취해 살던 어느 여배우가 술을 끊은 후에 TV 토크쇼에 출연해 '자신은 가짜 행복을 만들기 위해 술을 마셨던 것 같다' 고 회고하는 것을 들었다. 어쩌면 솔로몬도 이런 마음으로 술을 찾았는지 모른다. 현실에 없는 행복을 술이 만들어 줄지 모른다는 막연한 기대가 그에게 있었는지 모른다. 진짜 행복이 없다면 가짜 행복이라도 그에게 필요했는지 모른다.

솔로몬은 술을 마셨다. 마음껏 마시고 취했다. 그러나 술은 그의 허전한 마음을 채워주지 못했다. 허무함을 날려 보내지도 못했다. 술에 취해 있을 때는 허전함과 허무함이 다 사라진 것 같은데 술이 깨면 여전히 그 자리에 있었다. 술에 인생의 즐거움이 없었다. 술에 행복이 없었다. 오히려 술은 그의 기대와는 달리 그를 고통스럽게 했고 불행하게 했다. 이것도 헛일이었다.

후에 솔로몬은 잠언 23장을 통해 아들들에게 "술을 즐겨 하는 자들과 고기를 탐하는 자들과 더불어 사귀지 말라"고 엄히 명했다. "술 취하고 음식을 탐하는 자는 가난하여질 것"이라며 "술을 멀리하라"고 했다. 술에 인생을 걸었던 사람, 술을 통해 불행에서 탈출하려던 그가 아들들에게 이렇게 경고한데는 이유가 있다.

잠언 23장에서 그는 묻는다.

"재앙이 뉘게 있느뇨. 근심이 뉘게 있느뇨. 분쟁이 뉘게 있느뇨. 원망이 뉘게 있느뇨. 까닭 없는 상처가 뉘게 있느뇨. 붉은 눈이 뉘게 있느뇨."

그는 스스로 대답했다.

"술에 잠긴 자에게 있고 혼합한 술을 구하러 다니는 자에게 있느니라."

솔로몬은 이어서 술의 폐해와 알코올 중독의 위험을 경고했다. 솔로몬은 "포도주는 붉고 잔에서 번쩍이며 순하게 내려가나니 너는 그것을 보지도 말라"고 명했다. 솔로몬이 이렇게 강하게 경고한 이유는 "술이 마침내 뱀 같이 물 것이고 독사 같이 쏠 것"을 그는 알았기 때문이다. 솔로몬은 "술에 취하면 네 눈에는 괴이한 것이 보일 것이고 네 마음은 구부러진 말을 할 것"이라고 경고했다. 경험하지 않은 사람은 할 수 없는 말이다.

솔로몬은 술에 취하면 그가 얼마나 위험한 상황에 직면하게 될 것인지를 알았다. 술에 취하게 되면 "너는 바다 가운데에 누운 자 같을 것이요 돛대 위에 누운 자 같을 것"이라고 했다. 바다 가운데 그것도 돛대 위에 누운 자가 바로 술에 취한 자다. 언제 바다로 떨어질지 모르는 위험천만한 상황이다. 술을 찾는 이가, 술에 취한 이가 이런 위험에 처하게 될 것이라고 경고하는 것이다. 그러나 정작 술에 빠진 사람은 이런 상황에 처해도 자신이 그런 상황에 처한 것 자체를 모르고 있으니 참으로 안타까운 일이다. 술은 사람의 감각을 마비시킨다. 솔로몬은 "마침내 네가 스스로 말하기를 사람이 나를 때려도 나는 아프지 아니하고 나를 상하게 하여도 내게 감각이 없다고 말하는 지경에 이르게 될 것"이라고 경고했다. 더욱 문제는 그 상황에서도 "내가 언제나 깰까 다시 술을 찾겠다"고 하는 중독성이다.

소유가 늘어나면
행복할 줄 알았다

거듭되는 실패에도 불구하고 솔로몬은 헛된 것으로부터 벗어나기 위한 시도를 멈추지 않았다. 솔로몬의 행복찾기는 계속됐다.

솔로몬이 새롭게 택한 것은 소유에 집중하는 것이었다. 그는 소유에 몰두해서 사업의 규모를 크게 키웠다.

"어떻게 하여야 천하의 인생들이 그들의 인생을 살아가는 동안 어떤 것이 선한 일인지를 알아볼 때까지 내 어리석음을 꼭 붙잡아 둘까 하여 나의 사업을 크게 하였노라." 전 2:3-4

솔로몬은 자신을 위해 많은 집을 지었다. 포도원을 만들었다. 여러 동산과 공원을 만들었다. 각종 과일나무를 심고 삼림에 물을 주기 위하여 연못을 팠다. 그는 부동산을 많이 늘렸다. 거느리는 사람의 수도 많이 늘렸다. 노비는 사기도 하고 집에서 낳기도 했다. 예루살렘에 살던 모든 사람보다 많은 소와 양떼를 소유했다. 은금과 왕들의 보물과 여러 지방의 보배를 자신을 위하여 쌓았다. 부동산뿐만 아니라 동산도 많이 늘렸다. 현금인 은금과 언제든지 현금화할 수 있는 유동자산도 많이 늘렸다. 솔로몬의 소유는 더욱 많아졌다. 부동산과 동산, 거기에다 인적 자산도 나날이 증가했다.

술에 찌들어 살던 솔로몬이 사업에 몰두하는 것을 보고 사람들은 "철들었다, 정신차렸다"고 했을지 모른다. 솔로몬도 이쯤 되면 이것이 허전한 마음을 채워줄 줄 알았다. 재물이 늘어나면 허무함은 저 멀리 사라질 줄 알았다. 이것이 성공이고 이것이 잘 사는 것인 줄 알았다. 늘어난 소유가 행복을 보장해줄 줄 알았다. 소유한 것이 적을 때는 소유가 늘면 거기에 행복이 있고 거느리는 사람이 적을 때는 그

수가 늘면 거기 행복이 있을 것이라고 생각하는 오늘을 사는 사람들과 같은 생각을 솔로몬도 했다. 하지만 없었다. 잠깐의 성취감은 느꼈지만 그마저 이내 사라지고 말았다. 소유에 집중했던 그가 발견한 것은 '그것도 헛되다' 는 것뿐이다.

이것을 깨달은 후에 그는 "은을 사랑하는 자는 은으로 만족하지 못하고 풍요를 사랑하는 자는 소득으로 만족하지 아니하나니 이것도 헛되다"며 탄식했다. 솔로몬이 이렇게 탄식하는 이유가 있다. 그의 말을 좀 더 들어보자.

"재산이 많아지면 먹는 자들도 많아지나니 그 소유주들은 눈으로 보는 것 외에 무엇이 유익하랴. 노동자는 먹는 것이 많든지 적든지 잠을 달게 자거니와 부자는 그 부요함 때문에 자지 못하느니라."전 5:11-12

솔로몬은 자신이 해 아래서 큰 폐단을 보았다고 하면서 그것은 곧 소유주가 재물을 자기에게 해(害)가 되도록 지키는 것이라고 했다.

사업을 하는 그 자체가 바람을 잡으려는 수고라는 말이 아니다. 사업을 크게 하면 그것이 허전한 마음을 채워줄 것이라는 그 생각, 사업의 규모가 커지면 행복해질 것이라는 그 생각을 하며 밤에도 잠을 못자고, 일하고, 사업을 하는 것이 '바람을 잡으려는 수고' 라는 말이다. 소유에 집착하는 사람은 일평생을 어두운 데서 먹으며 많은 근심과 질병과 분노가 그에게 있다는 것을 솔로몬은 나중에야 알았다.

아내를 많이 두면
행복할 줄 알았다

허전함과 허무함은 끈질겼다. 솔로몬을 짓눌렀다. 이쯤 되면 포기할 법도 한데 솔로몬은 포기하지 않았다. 또 다시 행복찾기를 시도했다.

솔로몬은 노래하는 남녀를 많이 두었다. 전속 예술단을 두고 파티를 즐겼다. 처첩들을 많이 두었다.

"노래하는 남녀들과 인생들이 기뻐하는 처첩들을 많이 두었노라."
전 2:8

후궁 칠백 명, 첩 삼백 명, 합하면 천 명이다. 솔로몬이 이들의 이름과 얼굴이나 다 알았는지 모르겠다. 그는 술로 없애지 못한 허전함과 허무함을 성性이 없애줄 것이라고 기대했다. 그는 술에 없었던 행복이 성性에 있을까 하여 후궁과 첩들 사이를 헤집고 다녔다. 허전해서 그랬다. 허무해서 그랬다. 거기서 인생의 의미를 찾으려 했다. 그러나 거기에도 그가 찾는 행복은 없었다. 일천 명의 여인과 함께 살았던 솔로몬의 말을 들어보자.

"내가 돌이켜 진심으로 지혜와 명철을 살피고 연구하여 악한 것이 얼마나 어리석은 것이요 어리석은 것이 얼마나 미친 것인 줄을 알고자 하였더니 마음은 올무와 그물 같고 손은 포승 같은 여인은 사망보다 더 쓰다는 사실을 내가 알아내었도다. 그러므로 하나님을 기쁘게

하는 자는 그 여인을 피하려니와 죄인은 그 여인에게 붙잡히리로다."전 7:25-26

솔로몬은 이것이 자기 경험이라고 직접 말하지는 않았다. 그러나 이 말에 이어서 그가 한 말을 들어보면 솔로몬의 마음이 살짝 드러난다.

"보라, 내가 낱낱이 살펴 그 이치를 연구하여 이것을 깨달았노라. 내 마음이 계속 찾아보았으나 아직도 찾지 못한 것이 이것이라. 천 사람 가운데서 한 사람을 내가 찾았으나 이 모든 사람들 중에서 여자는 한 사람도 찾지 못하였느니라."전 7:27-28

천 명의 여인과 함께 살았던 솔로몬의 천 명의 여자들 중에서는 한 여자도 찾지 못했다는 고백은 의미심장하다. 이 고백 후에 그가 한 말이 있다.

"내가 깨달은 것은 오직 이것이라. 곧 하나님은 사람을 정직하게 지으셨으나 사람이 많은 꾀들을 낸 것이니라."전 7:29

한 남자와 한 여자가 만나 결혼하도록 하신 하나님의 뜻을 버리고 아내의 수는 다다익선이라고 생각한 것이 '사람의 꾀였다'는 고백이다. 천 명의 여인들이 서로 솔로몬을 차지하기 위해 얼마나 치열한 암투를 벌였을까. 솔로몬을 둘러싸고 눈에 보이는 싸움과 보이지 않는 싸움이 끊이지 않았을 것이다.

"마음은 올무와 그물 같고 손은 포승 같은 여인은 사망보다 더 쓰다는 사실을 내가 알아내었도다. 그러므로 하나님을 기쁘게 하는 자

는 그 여인을 피하려니와 죄인은 그 여인에게 붙잡히리로다."전 7:26

솔로몬의 이 고백은 이런 과정을 통해 얻은 경험이 아닐까 싶다.

솔로몬은 이 시대의 남편들에게 "사랑하는 아내와 함께 즐겁게 살라"고 권면한다. 솔로몬의 권면 속에 아내가 단수인 것을 주목해야 한다. 후궁이 칠백 명, 첩이 삼백 명이었던 솔로몬의 이 권면을 남자들은 새겨들어야 한다. 천 명 중에는 얼마나 다양한 여인들이 있었겠는가. 외모도 나이도 키도 피부도 성품도 목소리도. 그렇지만 그 천 명의 여인 중에 솔로몬은 한 여인도 찾지 못했다. 자신의 마음을 온전히 줄 한 여인을 만나지 못했다. 천 명의 여인들과 함께 살아본 솔로몬의 결론적 권면이 "사랑하는 아내와 함께 즐겁게 살라"는 것이다. 아내들이 아니라 아내와.

천 명의 여인들도 솔로몬에게 행복이 되지 못했다. 이 역시 헛된 일이었다. 솔로몬의 시도는 여기서 끝나지 않았다. 또 찾아 나섰다. 왜냐하면 사는 것이 힘들었기 때문이다. 그대로는 곤고하고 허전해서 살 수 없었다. 의미 없는 삶을 사는 것이 너무나 고통스러웠다. 행복하지 않은 삶을 이어가야 하는 괴로움, 이것은 살아본 사람은 안다.

마음이 원하는 대로 하면
행복할 줄 알았다

　　　　솔로몬이 이번에는 무엇이든지 자신의 눈이 원하는 것을 금하지 않았다. 무엇이든지 자신의 마음이 즐거워하는 것을 막지 않았다. 자신의 눈이 원하는 것과 마음이 즐거워하는 것을 금하지 않고 다 했다. 자기가 원하는 대로, 자기가 하고 싶은 대로 다 했다는 말이다. 허전한 마음을 채우기 위해, 허전함에서 벗어나기 위해, 행복하기 위해 솔로몬은 그렇게 했다.

　지나가다 자신의 눈에 든 여인이 있으면 데려오라고 명했다. 그가 기혼이든 미혼이든 상관하지 않고 자신의 눈이 원하면 금하지 않았다. 침상에 누웠다가도 '이것을 하면 즐겁겠다'는 생각이 떠오르면 그것을 즉시 실행에 옮겼다. 이것은 그가 돈과 권력이 있었기 때문에 가능했다. 보통 사람은 아무리 눈이 원하고 마음이 즐거워하는 일이라도 돈이 없고 힘이 없고 형편이 안돼서 시도를 못 한다. 그러나 솔로몬은 모두 해 보았다. 역사상 자신의 눈이 원하는 것과 마음이 즐거워하는 것을 전부 다 해본 사람은 어쩌면 솔로몬이 유일할지 모른다.

　그런데 이번에는 이전과 다르게 뭔가 느낌이 왔다. 손맛이 달랐다. 솔로몬은 흥분했다. "아, 이제 드디어 찾는가 보다. 이것인가." 솔로몬은 이것이 자신의 모든 수고로 얻은 보상인 줄 알고 기뻐했다. 그러나 그것조차 순간이었다. 그는 이내 맥이 빠져 이렇게 탄식했다.

"그 후에 내가 생각해 본즉 내 손으로 한 모든 일과 내가 수고한 모든 것이 다 헛되어 바람을 잡는 것이며 해 아래에서 무익한 것이로다."전 2:11

자신이 원하는 대로만 된다면 행복할 것이라고 생각하는 사람들이 있다. 그날이 오기만 하면, 자신이 마음으로 원하는 것을 다 할 수 있는 그날이 오기만 하면 그날이 생애 최고의 날이 될 것이고 그날부터 행복이 시작될 것으로 기대하는 사람들이다. 지금 자신이 불행하고 우울한 것은 마음이 원하는 대로 할 수 있는 시간이 없고 돈이 없고 힘이 없기 때문이라고 생각하는 사람들이다. 이런 이들 가운데는 자신이 원하는 것을 마음껏 할 수 있기 위해 부지런히 돈을 모으고 높은 지위에 오르려고 하는 사람들이 있다. 자신이 원하는 대로 살 그날을 위하여.

솔로몬은 이들을 향해 "그거 다 헛되어 바람을 잡으려는 것이고 해 아래에서 무익한 것"이라고 기운 빼는 소리를 한다. 그래도 원하면 "마음에 원하는 길과 네 눈이 보는 대로 행하라"고 한다. 그러면서 "그러나 하나님이 이 모든 일로 말미암아 너를 심판하실 줄 알라"고 덧붙인다. 그렇게 하지 말라는 말이다. "그렇게 해 봐야 소용없다. 그렇게 한다고 허전함과 허무함이 사라지는 것도 아니다. 그렇다고 거기 행복이 있는 것도 아니다." 솔로몬이 체험한 후에 해주는 말이다.

1장 솔로몬의 행복 찾기

해 볼만한 것은 다 해봤지만
행복은 거기 없었다

　　할 수 있는 것은 다 했다. 그럼에도 솔로몬은 여전히 우울했다. 사는 것이 싫어졌다. 해 아래서 하는 일이 의미가 없고 오히려 다 괴로움이고 바람을 잡으려는 수고처럼 헛되게 느껴졌다. 자신이 노력해서 얻은 모든 일에 실망했다. 낙심이 되었다. 왕인 자신이 할 수 있는 일이 기껏해야 앞선 왕들이 이미 했던 일뿐임을 알고 맥이 빠졌다. 슬기로움이 어리석음보다 더 낫다는 것을 아는 것도 무의미했다. 그는 스스로에게 물었다.

"어리석은 사람이 겪을 운명을 나도 겪을 터인데, 무엇을 더 바라고, 왜 내가 지혜를 더 얻으려고 애썼는가."전 2:15(새번역)

 자신이 묻고 스스로 대답했다.

"지혜를 얻으려는 일도 헛되다."

 허전한 마음을 채우기 위해 했던 일들이 오히려 그를 더욱 힘들게 했다. 행복을 찾지 못한 솔로몬은 깊은 우울의 늪으로 점점 더 빠져들었다. 그는 자신의 지혜마저 쓸모없는 것으로 여겼다. 그는 "슬기로운 사람도 죽고 어리석은 사람도 죽는다. 그러니 산다는 것이 다 덧없는 것이다. 인생살이에 얽힌 일들이 나에게는 괴로움일 뿐이다. 모든 것이 바람을 잡으려는 것처럼 헛될 뿐이다"전 2:16-17(새번역)며 그는 우울한 감정을 감추지 않고 그대로 드러냈다.

실망한 솔로몬은 열심히 산 것을 억울해 했다. 그는 "사람이 해 아래에서 행하는 모든 수고와 마음에 애쓰는 것이 무슨 소득이 있으랴. 일평생에 근심하며 수고하는 것이 슬픔뿐"이라며 "그의 마음이 밤에도 쉬지 못하나니 이것도 헛되도다"전 2:22-23 하고 탄식했다.

2장
솔로몬이 찾은 행복

**드디어
행복을 찾았다**

　　　　하나님은 긍휼의 하나님이시다. 낙심하고 낙담한 자를 외면하지 않으신다. 로뎀나무 아래 앉은 엘리야를 하나님이 찾아가시듯이, 동료 제자들 일곱을 데리고 고기 잡으러 간 베드로를 예수님이 찾아가시듯이 하나님은 솔로몬을 찾아가셨다.

　허전한 마음을 채워줄 행복, 허무함에서 벗어나게 할 행복을 찾아 제대로 한번 헛되지 않은 삶을 멋지게 살려다 좌절한 솔로몬에게 하나님께서 한 줄기 빛을 비춰주셨다. 마음에 하나님의 빛이 들어오자 어둠 가운데서 선명하게 드러나는 것이 있었다. 그가 그렇게 사모하며 찾던 행복이 거기 있었다.

행복을 찾은 솔로몬은 서둘러 기록했다. 그가 쓴 전도서 곳곳에 그가 발견한 행복이 기록되어 있다. 다음은 그 중에 몇이다.

사람이 먹고 마시며 수고하는 가운데서

심령으로 낙을 누리게 하는 것보다 나은 것이 없나니

내가 이것도 본즉

하나님의 손에서 나는 것이로다. 전 2:24(개역한글)

사람들이 사는 동안에 기뻐하며 선을 행하는 것보다

더 나은 것이 없는 줄을 내가 알았고

사람마다 먹고 마시는 것과 수고함으로 낙을 누리는

그것이 하나님의 선물인 줄도 또한 알았도다. 전 3:12-13

그러므로 나는 사람이 자기 일에 즐거워하는 것보다

더 나은 것이 없음을 보았나니

이는 그것이 그의 몫이기 때문이라. 전 3:22

이에 내가 희락을 찬양하노니 이는 사람이 먹고 마시고

즐거워하는 것보다 더 나은 것이 해 아래에는 없음이라. 전 8:15

사람이 하나님께서 그에게 주신 바 그 일평생에

먹고 마시며 해 아래에서 하는 모든 수고 중에서 낙을 보는 것이

선하고 아름다움을 내가 보았나니

그것이 그의 몫이로다. 전 5:18

이것이 솔로몬이 찾은 행복이다. 솔로몬은 '이 보다 나은 것이 해 아래 없다' 고 단언했다. '이것이 최고' 라는 말이다. 사람에게 진정 필요한 것은 이것이라는 말이다. 솔로몬이 이렇게 단언한 것들을 함께 나누려고 한다.

심령으로 낙을 누리게 하는 것보다
나은 것이 해 아래 없다

  솔로몬이 찾은 헛되지 않은 그것은 '먹고 마시고 자기 일을 하는 가운데 심령으로 낙을 누리게 하는 것' 이다. 이 세상에서 사는 동안에는 '심령으로 낙을 누리게 하는 것보다 나은 것이 없는 것' 을 솔로몬이 깨달았다.

 이해를 돕기 위해 구원을 둘로 나누어 설명하면 구원은 이 땅에 사는 동안에 받는 구원과 이 세상을 떠난 후에 받는 구원으로 나눌 수 있다. 이 세상에서 받는 구원은 천국을 이 땅에서 미리 경험하는 것이다. 이 세상을 떠난 후에 받는 구원은 천국에 들어가는 것이다. 예수를 믿는 우리가 이 세상에서 받는 구원인 '천국을 경험하며 사는 삶' 을 세상 사람들도 알아들을 수 있는 말로 하면 '행복' 이다. 행복은 예수 믿는 우리가 이 땅에서 받아 누리는 구원이다.

 이런 관점에서 보면 솔로몬이 '심령으로 낙을 누리게 하는 것의 소중함을 깨달았다' 는 것은 곧 '구원의 소중함을 깨달았다' 는 의미다. 솔로몬이 한 말을 다른 말로 하면 "해 아래 구원 받는 것보다 나은 것이 없다"는 것이다.

행복은
일상에 있다

　　　　솔로몬은 행복을 찾았다. 이 행복을 찾기까지 그는 참 많이, 참 멀리 돌아왔다. 어쩌면 이전에 누군가 솔로몬에게 "심령으로 낙을 누리며 사는 것보다 나은 것이 없다"고 전해 주었을지 모른다. 그러나 솔로몬은 심령으로 낙을 누리는 것 같은 시시한 것 말고 뭔가 대단한 어떤 것이 있을 줄 알고 그것을 찾고 찾았을지 모른다. 이것을 깨닫기까지 솔로몬은 막대한 수업료를 지불했다. 수많은 시행착오를 거쳤다. 헛되고 헛된 일들을 수없이 반복했다.

　솔로몬이 찾은 삶은 어쩌면 그동안 자신이 기대하고 찾던 삶과 비교하면 초라하다는 생각이 들 수 있다. 솔로몬은 그동안 삶의 의미와 가치가 거창한 그 어떤 것에 있을 것으로 예상하고 찾았으나 그것은 가장 기본적인 것에 있었다. 존재의 의미를 소유에서 찾았는데 거기 없었다. 소유에 없던 존재의 의미가 존재 자체에 있었다. 솔로몬은 살아야 할 이유와 의미를 먼 곳에서 찾았다. 저 멀리 어딘가에 있을 줄 알았다. 그러나 그것은 그의 삶 가까이에 있었다.

솔로몬이 발견한 헛되지 않은 삶의 무대는 뜻밖에도 '먹고 마시고 자기의 일을 하는 가운데'다. 먹고 마시고 자기의 일을 하는 지극히 평범한 일상에, 특별한 사람만이 아니라 살아 있는 사람이면 너나없이 다 갖고 있는 일상에 행복이 있었다.

사람들은 행복이 일상日常이 아닌 이상異常에 있는 줄 안다. 그러다 보니 행복을 일상이 아닌 이상에서 찾는다. 하루하루 반복되는 평범한 일상이 아니라 무엇인가 색다르고 특별한 것에서 행복을 찾는다. 솔로몬 역시 마찬가지였다. 그러나 찾고 보니 행복은 의외로 매일 반복되는 먹고 마시고 일하는 보통의 일상 속에 있었다.

이것을 깨달은 솔로몬은 그동안 일상 가운데서 누리지 못하고 살았던 자신이, 또 자신과 같이 지금도 누리지 못하고 사는 사람들이 안타까웠다. 그래서 그는 애타는 심정으로 전도서를 통해 "일상에서 심령으로 낙을 누리며 살라"고 절규하듯이 외치고 있는 것이다. 솔로몬은 전도서 6장에서 "사람이 비록 백 명의 자녀를 낳고 또 장수하여 사는 날이 많을지라도 그 심령에 낙이 족하지 못하면 오히려 낙태된 자가 그보다 낫다"며 "비록 천 년의 갑절을 산다 할지라도 낙을 누리지 못하면 그 삶은 헛되다"고 힘주어 말했다. 그렇다. 심령으로 낙을 누리지 못하는 장수는 복이 아니다.

배부른 사람에게도 하루가 절박한 사람에게도 모두 다 일상이 있다. 부자에게도 가난한 자에게도 일상은 있다. 지위가 높은 사람에게도 낮은 사람에게도 일상은 있다. 행복은 부함과 가난함이나 지위 고하에 달린 것이 아니다. 일상에 있다. 누구든지, 어떤 상황과 형편 가운데 있든지 그의 일상 가운데서 심령으로 낙을 누리며 살면 그의 삶은 의미 있다. 그는 행복한 사람이고 성공한 사람이다. 부자는 성공한 사람이고 가난한 사람은 실패한 사람이 아니다. 인생의 성공과 실패는 "일상에서 낙을 누렸느냐, 누리지 못했느냐"로 갈린다.

누구에게나 다 일상은 있다. 그렇다고 모든 사람들이 다 일상에서 심령으로 낙을 누리는 것은 아니다. 같은 일상 중에 어떤 사람은 피곤하고 고단해 하는데 어떤 사람은 심령으로 낙을 누린다. 일상 자체가 심령으로 낙을 누리게 하는 것은 아니다. 솔로몬에게 일상이 없었던 것이 아니다. 그에게 일상이 있었다. 그러나 그는 행복하지 않았다.

행복은
하나님의 선물이다

일상에서 심령으로 낙을 누리며 사는 것보다 나은 것이 없다고 솔로몬이 행복을 찾고 흥분해서 한 말을 다시 한 번 들어보자.

"사람이 먹고 마시며 수고하는 가운데서 심령으로 낙을 누리게 하는 것보다 나은 것이 없나니 내가 이것도 본즉 하나님의 손에서 나는 것이로다."전 2:24(개역한글)

"사람들이 사는 동안에 기뻐하며 선을 행하는 것보다 더 나은 것이 없는 줄을 내가 알았고 사람마다 먹고 마시는 것과 수고함으로 낙을 누리는 그것이 하나님의 선물인 줄도 또한 알았도다."전 3:12-13

솔로몬이 행복을 발견하며 함께 발견한 보화가 있다. 행복이 하나님의 손에서 난다는 것과 그 행복이 하나님의 선물인 줄 안 것이다. 솔로몬이 행복을 찾기까지 방황했던 이유가 바로 이것을 몰랐기 때문이다. 솔로몬이 그동안 했던 다양한 시도들은 행복하기 위해서였다. 지금까지 솔로몬은 자신이 수고하고 노력해서 행복을 얻으려고 했다. 셀프 행복을 추구했다. 그런데 행복하지 않았다. 이런 솔로몬이 아주 중요한 것을 발견했다. 행복은 하나님의 손에 있다. 그 행복은 하나님이 주셔야 받을 수 있다. 그래서 행복은 하나님의 선물이다. 솔로몬은 행복이 선물이라는 것을 몰라 그렇게 많은 시간을 들여 이런저런 헛된 시도들을 했던 것이다.

여기 나오는 행복을 구원으로 바꿔 적용하면 이렇게 된다. 구원은 하나님의 손에 있다. 그 구원은 하나님이 주셔야 받을 수 있다. 그래서 구원은 하나님의 선물이다. 솔로몬은 구원이 선물이라는 것을 몰라 그렇게 많은 시간을 들여 이런저런 헛된 시도들을 했던 것이다.

사람이 일상에서 심령으로 낙을 누리며 사는 것은 자동적으로 되는 것도 아니고 사람이 노력의 결과로 얻는 것도 아니다. 이것은 하나님께 받아야 가능하다. 하나님의 은혜다. 성경을 기록한 원어로 보면 은혜 안에 선물이라는 의미가 들어있다. 행복은 은혜로 값없이 하나님께 받는 것이다.

"구원은 우리의 행위로 말미암아 얻는 것이 아니라 오직 값없이 주시는 하나님의 은혜로 받는 것이다."

구원에 대한 이 고백을 솔로몬 버전으로 하면 "심령으로 낙을 누리게 하는 것이 하나님의 손에서 나는 하나님의 선물인 줄을 내가 알았도다"가 된다.

3장
성막에서의 솔로몬
전도서에서의 솔로몬

여기서 잠깐 마음의 고민을 나누려고 한다. 그것은 다름 아닌 솔로몬에 관한 것이다. 우리는 지금 전도서를 통해 솔로몬을 만나고 있다. 솔로몬이 전도서에만 등장하는 것은 아니다. 열왕기와 역대기에도 솔로몬이 등장한다. 그런데 전도서에서 만나는 솔로몬과 열왕기나 역대기에서 만나는 솔로몬이 다르게 느껴진다. 마치 다른 사람 같이 느껴지기도 한다.

기브온산 위에서 만난 솔로몬과
전도서에서 만난 솔로몬은 달라도 너무 다르다

솔로몬은 이스라엘 왕이다. 예수 믿지 않은 사람들도 솔로몬을 알 만큼 그는 유명한 왕이다. 다윗의 아들로 아버지를 이어 통일 이스라엘의 왕이 된 사람이다. 솔로몬 하면 가장 먼저 떠오르는 것은 지혜일 것이다. 우리가 갖고 있는 솔로몬에 대한 이미지는 아무래도 기브온산당에서 일천번제를 드린 후에 하나님이 꿈에 그에게 나타나서서 "내가 네게 무엇을 줄꼬. 너는 구하라"고 하셨을 때 그가 한 대답일 것이다. 그때 그는 이렇게 대답했다.

"주의 종 내 아버지 다윗이 성실과 공의와 정직한 마음으로 주와 함께 주 앞에서 행하므로 주께서 그에게 큰 은혜를 베푸셨고 주께서 또 그를 위하여 이 큰 은혜를 항상 주사 오늘과 같이 그의 자리에 앉을 아들을 그에게 주셨나이다. 나의 하나님 여호와여 주께서 종으로 종의 아버지 다윗을 대신하여 왕이 되게 하셨사오나 종은 작은 아이라 출입할 줄을 알지 못하고 주께서 택하신 백성 가운데 있나이다. 그들은 큰 백성이라. 수효가 많아서 셀 수도 없고 기록할 수도 없사오니 누가 주의 이 많은 백성을 재판할 수 있사오리이까. 듣는 마음을 종에게 주사 주의 백성을 재판하여 선악을 분별하게 하옵소서."

왕상 3:6-9

솔로몬의 이 대답 속에는 그의 믿음과 겸손이 오롯이 담겨 있다. 성경은 "솔로몬이 이것을 구하매 그 말씀이 주의 마음에 든지라"왕상 3:10고 부연설명을 할 정도다. 솔로몬의 대답에 감동하신 하나님은 그를 향해 이렇게 말씀하셨다.

"네가 이것을 구하도다. 자기를 위하여 장수하기를 구하지 아니하며 부도 구하지 아니하며 자기 원수의 생명을 멸하기도 구하지 아니하고 오직 송사를 듣고 분별하는 지혜를 구하였으니 내가 네 말대로 하여 네게 지혜롭고 총명한 마음을 주노니 네 앞에도 너와 같은 자가 없었거니와 네 뒤에도 너와 같은 자가 일어남이 없으리라. 내가 또 네가 구하지 아니한 부귀와 영광도 네게 주노니 네 평생에 왕들 중에 너와 같은 자가 없을 것이라. 네가 만일 네 아버지 다윗이 행함 같이 내 길로 행하며 내 법도와 명령을 지키면 내가 또 네 날을 길게 하리라." 왕상 3:11-14

마치 우리가 어떤 사람의 감동적인 간증을 들으면 여운이 오랫동안 남아 있는 것처럼 이 내용은 우리에게 솔로몬에 대한 강렬한 이미지로 각인되어 있다. 그런데 문제는 이런 솔로몬이 전도서를 쓰면서 한 말이다.

"전도자가 이르되 헛되고 헛되며 헛되고 헛되니 모든 것이 헛되도다." 전 1:2

기브온산당에서 만난 솔로몬과 전도서에서 만난 솔로몬은 달라도 너무 다르다. 환한 얼굴로 간증을 하던 사람이 한숨지으며 "다 헛일이야"라고 하는 말을 듣는 것만큼 당황스럽다. 전도서에서 "헛되다"는 말은 한 번으로 끝나지 않는다. 전도서를 시작하면서 한 '헛되다'는 말을 전도서를 마칠 즈음에 또 한 번 그대로 한다.

"전도자가 이르되 헛되고 헛되도다. 모든 것이 헛되도다."전 12:8

또한 전도서 곳곳에서 솔로몬은 '헛되다'를 스무 번 이상 반복한다. "이것도 헛되니라. 이것도 헛되어 바람을 잡는 것이로다"가 계속 이어진다. 이렇게 말하기도 했다.

"그 후에 내가 생각해 본즉 내 손으로 한 모든 일과 내가 수고한 모든 것이 다 헛되어 바람을 잡는 것이며 해 아래에서 무익한 것이로다."전 2:11

"이러므로 내가 사는 것을 미워하였노니 이는 해 아래에서 하는 일이 내게 괴로움이요, 모두 다 헛되어 바람을 잡으려는 것이기 때문이로다."전 2:17

성막이 있었던 기브온산당에서의 솔로몬과 전도서의 솔로몬이 달라도 너무 다르다. 그렇다고 전도서의 저자가 솔로몬이 아닐지 모른다는 생각은 할 수도 없다. 전도서는 '다윗의 아들 예루살렘 왕 전도자의 말씀이라'고 못을 박고 시작한다.

'헛되다'는 말이 전도서 전반부에만 나온다면 나름대로 설명하기는 그래도 수월하다.

"솔로몬이 하나님을 만나기 전, 인격적으로 하나님을 만나기 전에는 헛되고 헛된 삶을 살았지만 하나님을 인격적으로 만난 후로는 그에게서 더는 '헛되다'는 말이 나오지 않았다"고, "솔로몬이 구원받기 전까지는 '헛되고 헛되다'고 탄식하며 살았지만 구원 받은 후에는 더는 그런 말을 하지 않고 살았다"고 설명이 가능하다. 그런데 전도서는 '헛되다'로 시작해 '헛되다'로 끝난다.

'모든 것이 헛되도다'고 한 솔로몬은 모태신앙인이다

솔로몬은 믿음이 없는 사람인가. 그렇게 말하기는 쉽지 않다. 솔로몬은 오늘로 표현하면 '모태신앙인'이다. 솔로몬에게 믿음이 있었다. 기브온산당에서 그가 하나님께 한 대답을 봐도 솔로몬에게 믿음이 있었다. 그런 솔로몬이 전도서에서 마치 신앙이 없는 사람처럼 곤고하고 허전한 인생의 고단함을 토로하고 있다.

기브온산당에서 만난 솔로몬은 믿음 좋은 솔로몬 같고 전도서를 통해 만난 솔로몬은 모태신앙인이지만 믿음 없는 사람 같아 보인다. 어느 쪽 솔로몬이 솔로몬일까. 고민이 될 수 있다. 그러나 고민하지 말아야 한다. 둘 다 솔로몬이다. 기브온산당에서 만난 솔로몬도 솔로몬이고 전도서에서 만난 솔로몬도 솔로몬이다. 한 사람 솔로몬에게서 우리는 이 땅에서 천국을 살고 있는 솔로몬과 이 땅에서 지옥을 살고 있는 솔로몬을 보고 있는 것이다.

모태신앙인 솔로몬의 이 두 모습을 통해 우리는 하나님을 감동시킨 사람이라 할지라도 얼마든지 헛되다고 느끼며 헛되다고 말하며 헛되게 살 여지가 있음을 알 수 있다. 솔로몬처럼 기브온산 위와 전도서 사이를 오가는 그리스도인들을 우리는 주변에서 어렵지 않게 만날 수 있다. 살면서 예수로 충만해 솔로몬처럼 믿음을 고백했던 사람이 어느 날, 역시 솔로몬처럼 "헛되고 헛되며 헛되고 헛되니 모든 것이 헛되다"고 탄식하는 것을 본 적이 있을 것이다. 멀리 가서 그 사람을 찾기 위해 애쓰지 않아도 된다. 어쩌면 이것이 우리 자신의 모습일 수 있기 때문이다.

우리는 한 해를 사는 동안에도 이 둘 사이를 몇 차례 오간다. 때로는 일주일에서도 몇 번씩 이 둘 사이를 오가기도 한다. 주일 예배를 드리며 말씀을 듣고 힘을 얻어 기브온산 위에서의 솔로몬처럼 하나님과 듣는 사람들을 감동시키는 고백을 하고 바로 다음 날 다 헛일이라고 탄식하기도 한다. "예수 안에서 새생명을 얻었다"고 기뻐 뛰던 사람이 어느 날 한숨을 쉬며 "다 소용없다"며 "살고 싶지 않다"고 말하기도 하고 너무나 우울한 아침을 맞을 수도 있고 불면의 밤을 보낼 수도 있다. 아침부터 저녁까지가 전도서일 수도 있다. 하루의 시작을 '헛되다'로 해서 하루의 끝을 '헛되다'로 마칠 수도 있다. 이럴 때면 믿음마저 의심하게 된다. "내가 믿는 건 맞나. 저 사람이 믿는 사람인 건 맞나." 이런 중에 기브온산 위의 솔로몬 같은 사람의 간증을 들으면 '나도 저런 때가 있었는데……' 하며 씁쓸해 한다. 이런 날은 유난히 자신이 초라해 보인다. 그러나 계속 이렇게 사는 것은 아니다. 이러다 다시 일어난다. "헛되고 헛되다"고 하다 "먹고 마시는 가운데 심령으로 낙을 누리게 하는 것보다 나은 것이 없다"고 외친다. 전도서는 이것의 반복이다. 어쩌면 우리도 지금 전도서를 쓰고 있는 중인지 모른다.

예수 믿는다고
자동으로 행복해 지는 것은 아니다

많은 사람들은 기브온산 위의 솔로몬만 솔로몬으로 안다. 간증하던 날의 그 사람만 그 사람으로 안다. 솔로몬은 기브온산 위에 있을 때도 있었고 전도서를 쓸 때도 있었다. 간증하던 그 사람도 간증하던 그 날이 있고 삶의 현장에서 우울해 하며 한숨짓던 그 날이 있다. 간증을 들을 때 '그래, 저 사람도 전도서 쓰던 날이 있었겠지, 또 전도서 쓸 날도 있겠지' 하는 마음을 가질 필요도 있다.

예수 믿으면 행복하다. 그러나 예수 믿으면, 예수 믿기만 하면 이 세상에서 자동으로 행복해 질 것으로 생각하지는 말아야 한다. 이렇게 생각하면 혼란스러울 수 있다. 예수 믿는다고 이 세상에서 불행이 자동으로 행복으로 바뀌는 것이 아니다. 솔로몬의 경우에서 보듯이 예수 믿은 후에도 여전히 이 세상에서 지옥을 경험하며 살 수 있다. 기브온산 위의 솔로몬과 생활 속의 솔로몬이 달랐던 것처럼 교회에서의 우리와 삶의 현장에서의 우리가 다를 수 있다. 솔로몬이 성막에서는 천국을 경험하고 왕궁에서는 지옥을 경험하며 산 것처럼 우리도 교회에서는 천국을 경험하고 가정이나 직장이나 사업장에서는 지옥을 경험하며 살 수 있다.

이렇게 사는 것이 맞다 말하는 것이 아니다. 이렇게 살라는 것도 아니다. 이럴 수 있다는 것이다. 구원받은 우리라 할지라도 세상에 사는 동안에는 이럴 수 있다. 이럴 수 있지만 이것이 우리를 향한 하나님의 뜻은 아니다. 하나님의 뜻은 구원 받은 우리가 이 세상에서도 항상 천국을 경험하고 범사에 천국을 경험하는 것이다.

솔로몬은 명설교를 했지만
그 설교대로 살지는 못했다

이제 우리는 어떻게 하면 이 땅에서 천국을 경험하는 날 수를 늘릴 수 있을지, 어떻게 하면 항상 천국을 경험하고 범사에 천국을 경험하며 살 수 있을지를 솔로몬의 전도서를 통해 함께 나누려고 한다.

아이러니컬하게도 솔로몬은 이것을 깨닫고 우리에게 가르쳐 주기는 했지만 본인은 그것을 누리지 못했다. 항상 천국을 경험하고 범사에 천국을 경험하는 길을 찾기는 했지만 그 길을 가지는 못했다. 깨닮기는 했지만 그대로 살지 못했다. 자기 설교대로 자기가 살지 못했다. 성경에 기록된 솔로몬의 인생 후반전을 반추해 보면 그렇다. 만약 전도서가 하나님의 감동 없이 그저 솔로몬이 쓴 책이라면 우리는 전도서에 관심을 가질 이유가 없다. 우리가 전도서에 관심을 갖고 전도서를 통해 항상 천국을 경험하고 범사에 천국을 경험하는 길을 찾는 것은 전도서를 포함한 성경이 하나님의 영감을 받은 저자들에 의해 기록되었음을 믿기 때문이다.

이제 솔로몬에 대한 불안한 마음과 불편한 마음을 접고 하나님의 말씀인 전도서를 통해 어떻게 하면 항상 천국을 경험하고 범사에 천국을 경험하며 살 수 있을지를 함께 찾아보자.

이 땅에서 천국을 경험하며
살기 위하여

예수 그리스도를 믿음으로 구원을 선물 받은 우리는 구원 받은 자로 이 세상을 살아야 한다. 구원 받은 우리가 더는 헛되고 헛된 삶이 아니라 의미 있고 보람 있는 삶을 살아야 한다. 솔로몬이 찾은 행복 안에는 행복을 누리는 방법도 들어 있다. 다시 한 번 솔로몬이 찾은 행복을 살펴보자.

사람이 먹고 마시며 수고하는 가운데서
심령으로 낙을 누리게 하는 것보다 나은 것이 없나니
내가 이것도 본즉
하나님의 손에서 나는 것이로다. 전 2:24(개역한글)
사람들이 사는 동안에 기뻐하며 선을 행하는 것보다
더 나은 것이 없는 줄을 내가 알았고
사람마다 먹고 마시는 것과 수고함으로 낙을 누리는
그것이 하나님의 선물인 줄도 또한 알았도다. 전 3:12-13
그러므로 나는 사람이 자기 일에 즐거워하는 것보다
더 나은 것이 없음을 보았나니
이는 그것이 그의 몫이기 때문이라. 전 3:22

솔로몬이 찾은 이 보다 나은 것이 해 아래 없는 삶을 묘사한 위의 말씀 중에 ① 먹고 마시는 것과 ② 수고, 곧 자기 일과 ③ 선을 행하는 것이 등장한다. 구원 받은 자로 이 세상을 사는 우리에게 이 세 가지가 있어야 한다. 이 세 가지가 있어야 행복하다.

4장
먹고 마시며_
생명이 있어야 행복하다

**'먹고 마시는 것'은
'존재'의 쉬운 표현이다**

　여기 나오는 '먹고 마시며'를 단순한 먹고 마시는 것을 의미한다고 볼 수도 있다. 그러나 '먹고 마시며'에 담긴 의미를 추적하면 단순한 먹고 마시는 것 이상의 의미가 있다.

　사람은 먹고 마셔야 산다. 먹고 마시는 것은 생존을 위해서 필수적이다. '먹고 마신다는 것'은 곧 그가 '살아 있다는 것'을 의미한다. '살아 있다'는 것을 '존재한다'고 표현하기도 한다. 학자들이 쓰는 '존재'라는 말을 솔로몬이 '먹고 마시는 것'으로 표현했다고 이해하면 '먹고 마시며' 속에 담긴 의미를 좀 더 쉽게 알 수 있다.

　솔로몬이 깨달은 '먹고 마시는 것'의 의미 속에는 사람이 살아 있는 것, 곧 존재하는 것이 들어 있다. 지금 솔로몬은 살아 있는 그 자체, 곧 존재를 주목하고 있다. 그동안 솔로몬은 자신의 존재보다 소유에서 삶의 의미나 이유를 찾으려고 했다. 거기에 행복이 있을 줄 알았다. 그는 존재보다 소유에 집중했다. 그런 그가 지금 소유가 아닌 존재를 주목하고 있다. '존재 < 소유'이던 그의 가치관이 '존재 > 소유'로 옮겨가고 있다.

솔로몬만 살아 있는 것이 아니다. 우리도 살아 있다. 여러 가지 부족한 것이 있고 크고 작은 문제가 있고 이런저런 아픔이 있지만 우리는 살아 있다. 어제 죽은 사람이 그렇게 살고 싶었던 오늘을 우리는 지금 살고 있다. 그렇다면 우리는 지금 생애 최고의 순간을 보내고 있다. 우리는 우리 생에 가장 젊은 날을 오늘 살고 있다. 오늘보다 젊은 날은 우리 생에 없다.

혹여라도 세상의 이런저런 근심과 걱정거리로 인해 살아 있는 것의 소중함을 놓치고 살지는 않는지 살펴볼 필요가 있다. 살고 죽는 문제 앞에 서면 먹고 사는 문제는 문제도 아니다. 살아 있는 것의 소중함은 예수님도 말씀하셨다.

"사람이 만일 온 천하를 얻고도 자기 목숨을 잃으면 무엇이 유익하리요. 사람이 무엇을 주고 자기 목숨과 바꾸겠느냐." 막 8:36-37

살아 있는 것은 온 천하를 소유하는 것보다 더 가치 있고 의미 있는 일이다. 살아 있는 것보다 나은 것은 이 세상에 없다, 예수님 외에는. 사람이 자기 목숨을 무엇과 바꾸겠는가. 사람이 무엇을 하고 무엇을 소유하는 것보다 먼저 주목해야 할 것은 살아 있다는 것이다. 'DO'나 'HAVE'보다 중요한 것은 'IS'다.

"살아 있다는 이 사실로 인해 감격하고 감사하고 있는가. 이 사실에 흥분하고 있는가. 살아 있다는 그 자체로 인한 감동이 있는가. 먹고 마시고 있다는 사실에 전율하고 있는가."

그렇다고 대답하는 이들도 있겠지만 이 질문에 선뜻 그렇다고 대답하지 못하는 경우가 더 많을지 모른다. 오히려 솔로몬처럼 살아 있는 것이 고통스럽고 괴롭다고 하소연하는 사람도 있을 수 있다. 그럴 수 있다. 이것을 깨닫기 전에도 솔로몬은 살아 있었다. 먹고 마셨다. 그러나 그것이 그를 감동시키지 못했다. 그때 그는 이것에 감격하며 살지 못했다. 도리어 허무했다. 그가 살아 있는 것에 감격한 것은 '하나님의 손에서 하나님의 선물'을 받은 후다. 그의 눈이 열려 살아 있는 것의 소중함이 보인 뒤다. 이 전과 후의 삶이 달랐다.

주기도문에도 성찬식에도
'먹고 마시는 것'이 들어 있다

예수님이 제자들에게 기도를 가르쳐 주셨다. 주기도문이다. 예수님이 가르쳐 주신 주기도문에 '우리에게 날마다 일용할 양식을 주시옵소서'가 들어 있다. 일용할 양식은 하루에 필요한 먹을 것과 마실 것이다. 이 해석은 다양할 수 있다. 단순히 문자적으로 '하루치 양식을 구하라'는 것으로 이해할 수도 있지만 그렇게만 적용하기에는 무리가 있다. 예수님이 제자들에게 기도를 가르치신 후에 바로 이어서 주신 교훈이 있다.

"그러므로 염려하여 이르기를 무엇을 먹을까 무엇을 마실까 무엇을 입을까 하지 말라."마 6:31

예수님은 이 말씀을 하신 후에 "이는 다 이방인들이 구하는 것이고 너희 하늘 아버지께서 이 모든 것이 너희에게 있어야 할 줄을 아신다"고 말씀하셨다. 예수님은 공중의 새를 하나님이 기르시고 들의 백합화를 하나님이 입히시는 것을 예로 들며 제자들에게 "너희는 이것들보다 귀하지 아니하냐. 하물며 하나님이 너희를 먹이고 입히시지 않겠느냐"고 반문하셨다.

주기도문에 나오는 일용할 양식을 단순히 '하루치 먹고 마실 것'으로만 해석하면 "무엇을 먹을까 무엇을 마실까 무엇을 입을까 염려하지 말라"는 예수님의 가르침과 상충된다. 물론 "우리에게 날마다 일용할 양식을 주시옵소서"를 "무엇을 먹을까 무엇을 마실까 염려하지 말고 먹을 것과 마실 것을 위해 기도하라"는 것으로 적용할 수도 있지만 여기에는 더 깊은 주님의 뜻이 있다. 예수님이 가르쳐 주신 "우리에게 날마다 일용할 양식을 주시옵소서" 속에 들어 있는 '일용할 양식'에는 더 깊은 의미가 들어 있다.

'먹고 마시는 것'은
'생명'을 의미한다

　　　　우리는 성찬식에 참여한다. 예수님의 살을 기념하는 떡을 떼며 예수님의 피를 기념하는 잔을 나누는 성찬에 주기적으로 참여한다. 이 성찬식은 예수님이 친히 제정하신 것이다.

"또 떡을 가져 감사기도 하시고 떼어 그들에게 주시며 이르시되 이것은 너희를 위하여 주는 내 몸이라. 너희가 이를 행하여 나를 기념하라 하시고 저녁 먹은 후에 잔도 그와 같이 하여 이르시되 이 잔은 내 피로 세우는 새 언약이니 곧 너희를 위하여 붓는 것이라." 눅 22:19-20

성찬식에도 '먹고 마시는 것'이 등장한다. 이 의미를 좀 더 알기 위해 예수님의 말씀을 들어보자. 요한복음 6장 말씀 중에 몇 구절이다.

"하나님의 떡은 하늘에서 내려 세상에 생명을 주는 것이니라. 나는 생명의 떡이니 내게 오는 자는 결고 주리지 아니할 디이요 나를 믿는 자는 영원히 목마르지 아니하리라. 믿는 자는 영생을 가졌나니 내가 곧 생명의 떡이니라. 너희 조상들은 광야에서 만나를 먹었어도 죽었거니와 이는 하늘에서 내려오는 떡이니 사람으로 하여금 먹고 죽지 아니하게 하는 것이니라. 나는 하늘에서 내려온 살아 있는 떡이니 사람이 이 떡을 먹으면 영생하리라. 내가 줄 떡은 곧 세상의 생명을 위한 내 살이니라. 인자의 살을 먹지 아니하고 인자의 피를 마시지 아니하면 너희 속에 생명이 없느니라. 내 살을 먹고 내 피를 마시는 자는 영생을 가졌고 마지막 날에 내가 그를 다시 살리리니 내 살은 참된 양식이요 내 피는 참된 음료로다."요 6:33, 35, 47-51, 53-55

이 말씀들 가운데 '먹고 마시는 것'이 나오고 이 '먹고 마시는 것'과 대구對句를 이루는 것이 '생명'이다. 우리는 이것을 통해 '먹고 마시는 것'은 곧 '생명'을 의미한다는 중요한 사실을 알 수 있다.

솔로몬이 찾은 삶에 '먹고 마시는 것'이 등장하고 예수님이 가르쳐 주신 기도에도 '먹고 마시는 것'이 등장하고 예수님이 제정하신 성찬식에도 '먹고 마시는 것'이 등장한다. 이 '먹고 마시는 것'이 의미하는 것은 '생명'이다. 그렇다면 솔로몬이 찾은 것이 생명이고 예수님은 제자들에게 날마다 생명을 구하라고 가르치신 것이고 예수님은 제자들에게 생명을 먹으라고 하신 것이다.

생명이 있는 사람이 있고
생명이 없는 사람이 있다

이런 의문이 생길 수 있다. "그렇다면 이때 솔로몬은 생명이 없었다는 말인가. 사람이 생명이 없이도 살아 있을 수가 있을까."

이것에 대해 즉답을 하기보다 성경 안에서 그 답을 찾아보려고 한다.

사람에게
생명이 있었다

"여호와 하나님이 땅의 흙으로 사람을 지으시고 생기를 그 코에 불어넣으시니 사람이 생령이 되니라."창 2:7

이 말씀은 하나님이 사람을 어떻게 창조하셨는지 잘 보여주고 있다. 하나님이 땅의 흙으로 사람을 지으시고 생기를 불어넣으시니 사람이 생령이 되었다.

'생령生靈'은 구약성경을 기록한 언어인 히브리어로 '네페쉬 하야'인데 숨, 호흡을 뜻하는 네페쉬와 생존, 존재를 의미하는 '하야'가 합해서 된 말로 '살아 있는 존재'라는 뜻이다. 창세기 1장 20절과 21절에서 짐승을 비롯한 사람 외의 생명체를 묘사할 때도 '네페쉬 하야'가 사용되었다. 사람과 사람 외의 생물체는 '살아 있는 존재'라는 의미에서는 같다.

'생기'는 히브리어로 '니쉬마트 하임'이다. '니쉬마트'는 '숨, 호흡, 기운, 영혼' 등으로 번역될 수 있고, '하임'은 생명으로 번역되는 '하이'의 복수형이다. '니쉬마트 하임'을 직역하면 '생명들의 기운'이다.

　하나님이 다른 생물체를 창조하실 때와 달리 사람을 지으실 때는 '생기'를 불어넣어 주셨다. 사람에게는 '생명'을 주셨다는 말이다. 사람과 사람 외의 생물체의 차이는 생명(생기)의 유무다. 하나님이 창조하신 모든 생물체는 살아 있지만 사람은 생명이 있고 사람 외의 생물체는 생명이 없다. 참고로 창세기 1장 30절이 우리말 성경에는 '생명이 있어 땅에 기는 모든 것'이라고 번역되어 있으나 원문으로 여기 나오는 '생명'을 보면 '살아있는 존재'라는 의미의 '네페쉬 하야'다. 직역하면 '살아 있어 땅에 기는 모든 것'이 된다.

살아 있다고
다 생명이 있는 것은 아니다

　　　일반적으로 '생명'을 '살아 있는 것'이라고 생각한다. 예수 믿는 사람 가운데도 이렇게 생각하는 이들이 의외로 많다. 코로 숨을 쉬고 심장이 뛰면 다 생명이 있는 것으로 생각하기 때문이다. 이런 경향 때문에 '살아 있는 것'과 '생명'을 따로 보기는 쉽지 않다. 성경은 '살아있는 것'과 '생명'을 분명히 구분하고 있다.

　"아들이 있는 자에게는 생명이 있고 하나님의 아들이 없는 자에게는 생명이 없느니라." 요일 5:12

이 말씀을 보면 아들이 있는 자가 나오고 하나님의 아들이 없는 자가 나온다. 둘 다 살아 있지만 한쪽은 생명이 있고 한쪽은 생명이 없다. 생명이 있는 살아 있는 사람이 있고 생명이 없는 살아 있는 사람이 있다. 밑줄을 칠 만큼 중요한 내용이다. 성경은 생명이 있는 살아 있는 사람은 '살았다'고 하고 생명이 없이 살아 있는 사람은 '죽었다'고 표현한다.

에베소서 2장 1절에 있는 "그는 허물과 죄로 죽었던 너희를 살리셨도다"에서 '허물과 죄로 죽었던'이 '생명이 없이 살아 있는 상태'를 가리키고 '너희를 살리셨도다'에서 '살리셨도다'가 '생명이 있는 살아 있는 상태'를 가리킨다. 전자를 옛사람, 후자를 새사람이라고 한다. 전자에서 후자로 바뀐 상태를 중생이라고 한다. 쉬운 말로 거듭남이다. 이것이 구원이다. '예수 믿으면 중생한다. 예수 믿으면 거듭난다'는 말의 의미가 바로 이것이다. 생명 없이 살던 사람이 생명 있는 사람이 된 것이다.

생명을 상실한 채로 살아 있는 사람이
죄로 말미암아 타락한 아담과 하와의 상태다

사람에게 생명이 있었다. 사람이 죄를 지음으로 이 생명을 상실했다. 하나님은 첫 사람 아담에게 "선악을 알게 하는 나무의 실과는 먹지 말라"고 명하셨다. '먹는 날에는 정녕 죽을 것'이라고 엄중하게 경고했지만 아담과 하와는 선악과를 따 먹고 말았다. 사람이 죄를 지은 것이다. 죄의 삯인 사망이 사람에게 임했다. 그 결과 아담과 하와는 생명을 상실했다. 영적으로 죽었다. 생명을 상실했지만 그들은 육신적으로는 살아 있었다. 생명을 상실한 채로 살아 있는 사람, 죄로 말미암아 타락한 아담과 하와의 상태다.

생명을 상실한 사람은 포악해졌다. 사람이 사람을 쳐 죽였다. 그것도 다른 사람이 아니라 형이 동생을 쳐 죽였다. 생명을 상실한 사람 안에 빈 자리가 생겼다. 생명이 있던 자리다. 이 빈자리가 허무와 허전의 원천이다. 이때부터 사람은 허전함과 허무함에 시달렸다. 생명을 상실한 사람은 비참하다. 불행하다. 이렇게 살다가 죽으면 지옥에 떨어진다. 아담의 후손들 역시 생명을 상실한 채로 이 땅에 태어나야 했다. 우리도 생명을 상실한 채로 이 땅에 태어났다.

생명 예수,
이 땅에 오시다

생명을 상실한 사람을 하나님이 불쌍히 여기시고 그에게 생명을 주기로 작정하셨다. 하나님은 생명이신 그 아들 예수를 이 땅에 보내셨다. "그(예수) 안에 생명이 있었으니 이 생명은 사람들의 빛이라."요 1:4 이 땅에 오신 예수님의 '명함'에는 '나는 생명'이라고 선명히 기록되어 있다.

"예수께서 이르시되 내가 곧 길이요 진리요 생명이니 나로 말미암지 않고는 아버지께로 올 자가 없느니라."요 14:6

"25예수께서 이르시되 나는 부활이요 생명이니 나를 믿는 자는 26죽어도 살겠고 무릇 살아서 나를 믿는 자는 영원히 죽지 아니하리니 이것을 네가 믿느냐."요 11:25-26

이 땅에 오신 예수님은 "아버지께서 자기 속에 생명이 있음 같이 아들에게도 생명을 주어 그 속에 있게 하셨다"요 5:26며 "내가 온 것은 양으로 생명을 얻게 하고 더 풍성히 얻게 하려는 것"요 10:10이라고 분명하게 자신이 온 목적을 밝히셨다.

그렇다. 예수님은 우리에게 생명을 주시려고 이 땅에 오셨다. 예수 믿는 것은 생명을 받는 것이다. 예수 믿을 때 하나님은 그에게 생명을 주신다. 예수 믿으면 잃었던 생명을 다시 찾는다. 예수 믿는 사람에게는 생명이 있다. 생명이 있어야 구원 받는다. 천국은 생명이 있어야 들어간다. 천국과 지옥은 생명 유무로 갈린다. 예수님은 우리를 천국 가게 하시려고 이 땅에 오셨다. 생명이 있는 우리는 천국 간다.

예수 믿을 때 우리는 비로소 만족한다. 그 이유도 생명 때문이다. 만족은 생명 자리에 생명이 있을 때 비로소 느낄 수 있기 때문이다. 생명은 잠시 잠깐의 만족이 아니라 영원한 만족을 준다. 또한 사람은 생명이 있을 때 비로소 평안하다. 생명이 있으면 두려워하지 않는다. 생명이 있을 때 기쁘다. 생명이 있을 때 자유가 있다. 생명이 있으면 눌려 지내지 않는다. 한마디로 하면 생명이 있을 때 사람은 행복하다.

생명이 있는 사람은 이 세상에서 행복하게 살다 죽으면 천국 간다.

생명의 성령
이 땅에 오시다

예수님이 이 세상을 떠나 하늘로 올라가시면서 성령을 약속하셨다. 예수님이 약속하신 성령은 약속대로 오셨다. 성령은 오순절 마가의 다락방에서 제자들과 약속하신 성령을 기다리던 사람들 위에 충만하게 임했다. 성경은 이 땅에 오신 성령에 대해 다양한 표현으로 묘사하고 있다. 그 중에 하나가 '생명의 성령'이다. 생명의 성령은 바울이 로마서에서 복음을 전하면서 한 말 중에 들어 있다.

"1그러므로 이제 그리스도 예수 안에 있는 자에게는 결코 정죄함이 없나니 2이는 그리스도 예수 안에 있는 생명의 성령의 법이 죄와 사망의 법에서 너를 해방하였음이라"롬 8:1-2

성경이 성령을 생명의 성령이라고 한 것을 주목해야 한다. 성령은 우리에게 생명을 주시는 영이다. 그래서 성경이 생명의 성령이라고 표현한 것이다. 결과적으로 성령을 받는 것은 곧 생명을 받는 것이 된다. 이걸 깨닫게 되면 왜 그렇게 성경이 우리에게 성령을 받으라고 하는지도 함께 이해가 될 것이다.

날마다 생명 있는 자로 살기 원하면 날마다 생명의 성령을 구해야 하고 생명의 성령을 받아야 한다.

성경은
생명의 말씀이다

성경을 성경은 생명의 말씀이라고 한다.

"태초부터 있는 생명의 말씀에 관하여는 우리가 들은 바요 눈으로 본 바요 자세히 보고 우리의 손으로 만진 바라." 요한1서 1:1

"가서 성전에 서서 이 생명의 말씀을 다 백성에게 말하라 하매" 행 5:20

"생명의 말씀을 밝혀 나의 달음질이 헛되지 아니하고 수고도 헛되지 아니함으로 그리스도의 날에 내가 자랑할 것이 있게 하려 함이라" 빌 2:16

성경이 생명의 말씀이라는 것을 받아들이면 성경 읽는 것을 생명의 양식을 먹는다고 표현하는 것이 자연스러워진다. 심령으로 낙을 누리게 하는 삶과 성경은 떼려야 뗄 수 없는 관계다. 심령으로 낙을 누리게 하는 삶을 사는 사람들은 대부분 성경을 사랑하는 사람들이다. 성경 읽기를 좋아하고 성경을 가까이 두고 주야로 읽고 묵상하는 사람들이다.

생명 있는 삶을 날마다 살기 원하면 생명의 말씀을 먹어야 한다. 성경을 읽고 성경을 공부하고 성경 말씀을 본문으로 하는 설교를 들어야 한다. 성경 읽는 시간은 생명 받는 시간이다. 설교 시간은 생명 얻는 시간이다.

생명이 있는 삶은 시간적으로 영원하고 질적으로 새롭다

예수를 믿을 때 하나님은 우리에게 생명을 주신다. 생명을 받으면 구원이 시작된다. 이 땅에서 시작된 구원은 영원히 계속된다. 하나님이 우리에게 주신 생명은 시간적으로 영원하다.

"하나님이 세상을 이처럼 사랑하사 독생자를 주셨으니 이는 그를 믿는 자마다 멸망하지 않고 영생을 얻게 하려 하심이라."요 3:16

예수를 믿는 우리의 영생은 이미 시작되었다. 예수를 믿는 그 순간 우리의 영원한 생명은 이 땅에서 이미 시작되었다. 이 생명은 죽음을 넘어 저 천국까지 영원히 이어질 것이다. 성경은 이 사실을 우리에게 알려 준다.

"내가 진실로 진실로 너희에게 이르노니 내 말을 듣고 또 나 보내신 이를 믿는 자는 영생을 얻었고 심판에 이르지 아니하나니 사망에서 생명으로 옮겼느니라." 요 5:24

생명을 받은 삶은 질적으로 새롭다. 예수를 믿는 우리는 지금 예수 믿기 이전과 질적으로 다른 삶을 살고 있다. 예수 믿은 후 우리의 삶은 겉으로 보기에는 같은 삶이지만 다른 삶이다. 삶의 모양은 같으나 질이 다르다. 이전의 삶은 생명 없던 삶이고 지금은 생명 있는 삶이다. 이전의 삶은 하나님과 분리되어 하나님 없이 살던 삶이고 지금의 삶은 하나님과 하나가 되어 하나님과 함께 사는 삶이다. 전에는 생활이었는데 지금은 신앙생활이다. 새 생명을 받아 새 삶을 살고 있는 사람을 성경은 '새 사람'이라고 한다. 구원받은 사람을 일컫는 말이다.

생명을 받은 우리는 그리스도와 함께 다시 살리심을 받은 사람, 새 사람을 입은 사람이다. 이 사실을 염두에 두고 다음 성경을 읽으면 그 의미가 선명하게 들어온다.

"새 사람을 입었으니 이는 자기를 창조하신 이의 형상을 따라 지식에까지 새롭게 하심을 입은 자니라." 골 3:10

"오직 너희의 심령이 새롭게 되어 하나님을 따라 의와 진리의 거룩함으로 지으심을 받은 새 사람을 입으라." 엡 4:23-24

"그런즉 누구든지 그리스도 안에 있으면 새로운 피조물이라 이전

것은 지나갔으니 보라 새 것이 되었도다."고후 5:17

생명은
대체 불가다

우동은 자장면으로 대체할 수 있다. 어떤 경우에 이 사람이 없으면 저 사람으로 대체할 수도 있다. 그러나 대체가 불가능한 것도 있다. 남편이나 아내는 대체가 불가능하다. 세상에 남자가 많고 여자가 많아도 다른 남자로 남편을 대체하고 다른 여자로 아내를 대체할 수 없다.

생명 역시 다른 것으로도 대체할 수 없다. 생명이 떠난 그 빈자리는 생명으로 채워야 한다. 다른 것으로 그 자리를 대체할 수 없다. 어떤 사람은 지식으로 생명을 대체하려고 하고 어떤 사람은 술로 생명을 대체하려고 하고 어떤 사람은 성性으로 생명을 대체하려고 하고 어떤 사람은 돈으로 생명을 대체하려고 시도한다. 그러나 이 모든 수고는 헛되다. 이 모든 것을 다 시도해 본 솔로몬을 우리는 앞에서 만났다. 생명이 없어 곤고하고 허전한데 그것을 생명이 아닌 지식이나 술이나 성이나 돈으로 대체하려고 시도하고 나서 솔로몬이 한 말이 "헛되고 헛되며 헛되고 헛되니 모든 것이 헛되다"이다.

생명이 있는 날은 행복하고
생명이 없는 날은 불행하다

기브온산 위에서 하나님과 많은 사람들을 감동시킨 대답을 할 때 솔로몬에게 생명이 있었다. 그 날은 생명이 있었다. 전도서 1장을 쓰며 "헛되고 헛되며 헛되고 헛되니 모든 것이 헛되도다"를 쓰던 그 날은 생명이 자동차 기름 떨어지듯이 떨어졌다.

예수 믿는 우리도 이 땅에서 이것을 반복한다. 예수 믿은 후에 우리도 허전하고 허무하게 느껴졌던 날들이 있었다. 모든 것이 다 헛되게 느껴졌던 날도 있다. 예수 믿은 후에도 두려워 떨기도 했다. 이때를 반추해 보면 자동차 기름 떨어지듯이 생명이 떨어졌던 때다.

예수 믿는 우리라 할지라도 이 땅에 사는 동안에 행복과 불행은 '생명이 있고 없고' 에 달려 있다. 생명이 있는 날은 행복하고 생명이 없는 날은 불행하다. 생명이 있는 날은 도전하고 생명이 없는 날은 좌절한다. 생명이 있는 날은 희망이 있고 생명이 없는 날은 절망한다. 생명이 있는 날은 기쁘고 생명이 없는 날은 우울하다. 생명이 있는 날은 담대하고 생명이 없는 날은 두렵다. 생명이 있는 날은 노래하고 생명이 없는 날은 한숨짓는다. 생명이 있는 날은 내가 죄를 이기고 생명이 없는 날은 죄가 나를 이긴다. 생명이 있는 날은 살고 싶고 생명이 없는 날은 죽고 싶다.

'생명'을 '먹고 마시는 것'에 비유한 이유가 있다

'왜 성경은 생명을 먹고 마시는 것에 비유했을까?' 이런 궁금증이 생길 수 있다.

여기에는 중요한 사실이 들어 있다. 먹고 마셔야 생존이 가능한 것처럼 생명이 있어야 '이 땅에서 천국 생존'이 가능하기 때문이다. 우리는 어제 먹은 밥으로 오늘을 사는 것이 아니다. 어제 먹은 밥으로 어제를 살고 오늘 먹은 밥으로 오늘을 산다. 마찬가지다. 어제 받은 생명으로 오늘을 사는 것이 아니다. 오늘은 오늘의 생명이 필요하다. 예수님이 제자들에게 기도를 가르쳐 주시면서 '일용할 양식'을 구하라고 하신 이유가 바로 이 때문이다. 우리는 날마다 밥을 먹듯이 날마다 생명을 먹어야 한다. 날마다 생존하기 위해 일용할 양식이 필요한 것처럼 날마다 이 땅에서 천국을 경험하며 살기 위해서는 날마다 생명이 필요하다. '이 땅에서 천국 생존'을 위해 날마다 생명을 구해 생명을 받아야 한다. 예수님이 '모일 때마다 성찬식을 하라'고 하신데는 '모일 때마다 생명을 먹으라'는 의미가 들어 있다.

우리가 이 세상에서 생존하기 위해서는 계속 '먹고 마셔야' 한다. 마찬가지다. 우리가 이 세상에서 천국을 경험하며 살기 위해서는 계속 '생명'을 받아야 한다.

생명의 주인이신 하나님은 이 생명을 날마다 구해 받아먹고 살도록 디자인 하셨다. 이것이 우리에게 기도를 주신 하나님의 깊은 뜻이다. 하나님은 기도를 통해 이 생명을 주신다. 그래서 예수님이 제자들에게 기도를 가르쳐 주시면서 '일용할 양식' 곧 '생명'을 구하라고 하신 것이다. 구하는 자에게 생명을 주신다. 생명을 구하는 것은 생명이신 예수님을 구하는 것이고 생명이 있는 하나님을 구하는 것이고 생명의 성령을 구하는 것이다.

하나님은 말씀을 통해 생명을 주신다. 성경을 생명의 말씀이라고 하는 것을 주목해야 한다. 우리가 날마다 성경을 읽고 말씀을 들어야 하는 이유는 생명을 받기 위함이다.

우리는 날마다 생명을 받아 생명 있는 삶을 살아야 한다. 밥을 매일 먹어야 하는 것처럼 생명을 매일 받아야 한다. 먹고 마시는 것이 매일 반복되어야 하는 것처럼 생명을 받는 것 역시 매일 반복되어야 한다. 어제 먹고 마셨어도 오늘 또 먹고 마셔야 한다. 어제 생명을 받았어도 오늘 또 생명을 받아야 한다. 우리는 날마다 기도로 생명을 구해 생명의 성령을 받고 날마다 성경을 읽고 들음으로 생명을 얻어 생명이 있는 새 하루를 살아야 한다. 그저 주어지는 하루를 사는 것이 아니라 하나님께 생명을 구해 생명 있는 하루를 살아야 한다.

생명을 창세기에서 '생기' 라고 표현한 것을 주목해야 한다. 생명을 받아야 생기가 있다. 생기가 없으면 우리는 힘없이 맥없이 하루를 보낼 수밖에 없다. 그렇게 산 날은 헛날이다. 그런 상태에서 한 일은 헛일이다. 솔로몬 버전으로 하면 헛되고 헛되며 헛되고 헛되니 모든 것이 헛되다. 솔로몬이 온 세상을 향해 하고 싶었던 말은 "생명이 없는 채로 하는 모든 일이 헛되고 헛되다"는 것이다.

그저 하루를 사는 사람과 날마다 생명을 구해 생명의 성령을 받고 생명의 말씀을 먹고 사는 사람의 하루가 같을 수는 없다. 생명을 받은 새사람의 하루와 생명이 없는 옛사람의 하루가 같을 수는 없다. 생명을 구해 하루를 사는 사람의 삶의 질은 다를 수밖에 없다.

기억해야 한다. 예수를 믿고 구원을 받았어도 생명이 없으면 이 세상을 사는 동안에는 "헛되고 헛되며 헛되고 헛되니 모든 것이 헛되다"고 탄식하며 허무하게 살 수 있다.

5장
수고_
자기 일이 있어야 행복하다

사람이 사는 동안에
자기 일에 즐거워하는 것보다 나은 것이 없다

솔로몬이 찾은 행복에는 '먹고 마시고'와 함께 '수고'가 등장한다.

> 사람이 먹고 마시며 수고하는 것보다
> 그의 마음을 더 기쁘게 하는 것은 없나니
> 내가 이것도 본즉 하나님의 손에서 나오는 것이로다. 전 2:24
> 그러므로 나는 사람이 자기 일에 즐거워하는 것보다
> 더 나은 것이 없음을 보았나니
> 이는 그것이 그의 몫이기 때문이라. 전 3:22

사람마다 먹고 마시는 것과 수고함으로 낙을 누리는 그것이
하나님의 선물인 줄도 또한 알았도다.전 3:13
사람이 하나님께서 그에게 주신 바 그 일평생에 먹고 마시며
해 아래에서 하는 모든 수고 중에서 낙을 보는 것이 선하고
아름다움을 내가 보았나니 그것이 그의 몫이로다.전 5:18

솔로몬의 고백 속에 '수고하는 것, 수고함으로 낙을 누리는 그것, 수고 중에서 낙을 보는 것'이 나온다. 솔로몬이 찾은 삶 속에 등장하는 '수고'와 대구對句를 이루는 것이 3장 22절에 있는 '자기 일'이다. '수고'의 의미는 '자기 일'이다. 여기 등장하는 '수고'와 '자기 일'은 직업으로 하는 일로 한정되지 않고 사람의 모든 활동을 포괄한다.

솔로몬이 생명의 중요성과 더불어 발견한 것은 이것이다.
"사람이 사는 동안에 자기 일에 즐거워하는 것보다 나은 것이 없다!"

사람은
자기 일이 있어야 한다

사람에게 생명을 주신 하나님은 사람에게 일도 주셨다. 이 세상 모든 사람에게 하나님은 '자기 일'을 주셨다. 다른 말로, 사명

을 주셨다. 이 땅에서 천국을 경험하며 살기 위해서는 자기 일이 있어야 한다. 일은 형벌이 아니다. 하나님의 선물이다. 자기 일을 하지 않으면서 천국을 경험하며 살기는 쉽지 않다. 무위도식하면서 천국을 경험하기 원하면 그것은 무리다. 사람이 이 세상에서 천국을 경험하며 살기 위해서는 자기 일이 있어야 하고 자기 일을 해야 한다.

자기 일을 하지 않는 것을 성경은 게으름이라고 한다. 게으름은 치료 받아야 할 병이자 회개해야 할 죄다. 사람은 자기 일을 하지 않으면 망가진다. 자기 일을 하지 않으면 불행해 진다. 일하지 않고 놀면 행복할 것 같은데 그 반대다. 행복하기 원하면 자기 일을 해야 한다. 자기 일을 안 하면 남의 일에 참견한다. 이러면 불행하다. 이러면 천국을 경험하며 살 수 없다.

어떤 의미에서 인생 여정은 자기 일을 찾아가는 과정이다. 어렸을 때는 자기 일이 무엇인지 모른다. 자라면서 서서히 자기 일을 알게 된다. 아이가 어른이 되는 과정은 어떤 의미에서 자기 일을 찾아가는 과정이다. 아이들이 자라면서 계속해서 '자기 일'이 바뀐다. 꿈이 바뀌고 하고 싶은 일이 바뀐다. 그러다 어느 때가 되면 자기 일을 발견한다.

하나님이 사람을 세상에 보내실 때 꼬리표 두 개를 하나 달아 보내주셨으면 좋겠다는 엉뚱한 생각을 할 때가 있다. 하나는 그 사람의 일이 무엇인지 적힌 꼬리표고 다른 하나는 짝이 누구인지 적힌 꼬리

표다. 하지만 하나님은 그렇게 하지 않으셨다. 사람은 누구나 이 세상에 태어나 살면서 자기 일이 무엇인지 찾아야 하고 배우자가 누구인지 찾아야 한다. 경험자들은 알겠지만 이 작업이 만만치 않다.

　일반적으로 한 사람이 자기 일을 찾기까지 이런저런 여러 과정을 거친다. 때로는 그 과정이 허비된 시간 같지만 꼭 그런 것만은 아니다. 그 과정도 하나님의 계획 중에 들어 있을 수 있다. 오히려 그 과정을 거쳤기 때문에 더욱 이것이 자기 일인 줄 확신하고 주변에서 사람들이 뭐라 해도 흔들리지 않고 자기 일을 하기도 한다.

　자기 일이 사명이다. 하나님이 자기에게 주신 일이 사명이다. 자기 일을 하며 사는 것이 사명대로 사는 것이다. 사명자라고 하면 목회자나 선교사를 생각하는 경향이 있는데 자기 일이 있는 모든 사람은 다 사명자다. 다만 그 사명이 목회자나 선교사와 다를 뿐이다.

　자기 일을 발견하고 그 일을 할 때 사람은 행복하다. 사람은 사명대로 살아야 행복하다.

자기 일이 있었지만
솔로몬은 행복하지 않았다

　　　솔로몬에게 일이 있었다. 그는 지금까지 일하며 살아왔다. 우리는 앞에서 솔로몬이 얼마나 다양한 일들을 했는지 함께 살펴보았다. 그는 그때 자기가 하는 일이 '헛되고 무익하다'고 한탄하며 탄식했다. 솔로몬의 말을 직접 들어 보자.

"나 전도자는 예루살렘에서 이스라엘 왕이 되어 마음을 다하며 지혜를 써서 하늘 아래에서 행하는 모든 일을 연구하며 살핀즉 이는 괴로운 것이니 하나님이 인생들에게 주사 수고하게 하신 것이라. 내가 해 아래에서 행하는 모든 일을 보았노라. 보라 모두 다 헛되어 바람을 잡으려는 것이로다." 전 1:12-14

"이러므로 내가 해 아래에서 한 모든 수고에 대하여 내가 내 마음에 실망하였도다. 어떤 사람은 그 지혜와 지식과 재주를 다하여 수고하였어도 그가 얻은 것을 수고하지 아니한 자에게 그의 몫으로 넘겨주리니 이것도 헛된 것이며 큰 악이로다. 사람이 해 아래에서 행하는 모든 수고와 마음에 애쓰는 것이 무슨 소득이 있으랴. 일평생에 근심하며 수고하는 것이 슬픔뿐이라. 그의 마음이 밤에도 쉬지 못하나니 이것도 헛되도다." 전 2:20-23

이러던 솔로몬이 갑자기 "사람이 사는 동안에 자기 일에 즐거워하는 것보다 나은 것이 없다"고 하니 어리둥절하다. 우리는 앞에서 '먹고 마시는 것'을 나누면서도 같은 경험을 했다. 늘 먹고 마시던 사람이 어느 날 "사람이 사는 동안에 먹고 마시는 것보다 나은 것이 없다"고 했을 때의 그 느낌이 여기서도 그대로 느껴진다.

솔로몬의 일이 바뀌었는가. 자기 일을 한탄하던 때는 왕이 되기 전이고 자기 일을 노래한 때는 왕이 된 후인가. 아니다. 자기 일을 한탄하던 때도 솔로몬은 왕의 일을 했고 자기 일을 노래할 때도 왕의 일을 했다. 같은 일을 했다. 그렇다면 일을 하는 사람이 바뀌었는가. 일을 한탄한 사람은 솔로몬의 아버지고 일을 노래한 사람은 솔로몬의 아들인가. 아니다. 같은 사람 솔로몬이다.

그렇다면 무엇이 솔로몬으로 하여금 '탄식하던 일'을 '노래하는 일'로 바꾸어 놓았을까. 솔로몬의 노래를 통해 그 전환점이 된 것이 무엇인지 설명하려고 한다.

"사람이 먹고 마시며 수고하는 것보다 그의 마음을 더 기쁘게 하는 것은 없나니 내가 이것도 본즉 하나님의 손에서 나오는 것이로다."
전 2:24

이 말씀 중에 있는 '수고하는 것보다 그의 마음을 더 기쁘게 하는 것'이 개역한글 성경에서는 '수고하는 가운데서 심령으로 낙을 누리게 하는 것'이라고 되어 있다. 이것은 '자신이 하고 있는 일들을 자신이 바라보면서 좋다고 느끼는 상태'를 의미한다. 영어 성경 중 NASB는 원문의 뜻을 잘 살려 'to tell himself that his labor is good'이라고 했다. NIV은 '자기 일에 만족하는 것,' 'to find satisfaction in his work'이라고 했다.

솔로몬은 "자기 일에 만족하는 것보다 그의 마음을 더 기쁘게 하는 것은 없다"는 것을 깨달았다. 먹고 마시면서도 그것의 소중함을 몰랐던 것처럼 자기 일을 늘 하면서도 그것의 소중함을 모르던 솔로몬의 탄식이 노래로 바뀐 것은 사람이 바뀐 것도 일이 바뀐 것도 아니다. 그동안 보이지 않던 것이 보였기 때문이다.

"사람이 사는 동안에 자기 일에 즐거워하는 것보다 나은 것이 없다."

솔로몬의 이 고백을 들어보면 마치 시각장애인이 어느 날 눈을 뜨게 되어 늘 곁에 있고 함께 있었던 것들을 바라보며 감격해하는 것 같은 느낌을 받는다. 솔로몬은 시각 장애가 있었는가. '아니다' 와 '그렇다' 가 다 맞는 답이다.

마음의 눈이 열리면
보이지 않던 것이 보인다

사람의 눈은 둘이다. 하나는 우리가 알고 있는 눈이고 또 하나는 마음의 눈이다. 이 세상에는 시각 기관인 눈으로 볼 수 있는 것이 있고 마음의 눈으로 볼 수 있는 것이 있다. 어떤 것은 눈에는 안 보이고 마음의 눈에만 보이는 것도 있다. 대부분은 눈과 마음의 눈으로 함께 보아야 제대로 보인다. 자연을 볼 때도 눈으로 보면 그저 자연이다. 그러나 눈과 마음의 눈으로 보면 자연 속에 그 아름다운 자연을 만드신 하나님이 보인다. 성경도 눈으로 보면 글자들의 나열이다. 이스라엘의 역사다. 마음의 눈으로 보면 성경에서 하나님의 마음이 보이고 하나님의 뜻이 보이고 하나님의 말씀이 보이고 진리가 보인다. 성경이 깨달아진다.

사람을 볼 때도 마찬가지다. 눈으로 보면 외모가 보인다. 마음의 눈으로 보면 그의 중심이 보인다. 사람이 귀하게 보이는 것은 사람을 눈과 마음의 눈으로 함께 볼 때다.

마음의 눈으로 보는 것을 우리는 느낀다고 표현한다. 마음의 눈으로 하나님을 보는 사람은 하나님을 느끼는 사람이다. 삶의 현장에서 함께하고 계시는 하나님, 선한 손으로 자신을 붙잡고 계신 하나님, 지금도 이 세상을 다스리고 계시는 하나님이 느껴진다면 그는 지금 마음의 눈으로 하나님을 보고 있는 것이다.

하나님이 사람을 처음 창조하실 때는 사람의 눈이 다 열려 있었다. 눈과 마음의 눈을 다 뜨고 살았다. 그러나 사람이 죄를 지음으로 말미암아 마음의 눈이 어두워졌다. 마음의 눈이 흐려졌다. 생명을 잃어버릴 때 마음의 눈도 시력을 잃었다. 그때부터 마음의 눈으로만 볼 수 있는 좋은 것들은 보지 못하게 되었다. 감사한 것, 좋은 것, 아름다운 것, 순전한 것을 보지 못하게 되었다. 그래서 불행한 것이다.

마음의 눈은 하나님이 열어 주신다. 이것을 솔로몬은 '하나님의 손에서 나오는 것'이라고 표현했다. 그래서 우리 믿음의 선배들은 눈을 열어 달라고 기도했다. 보이지 않을 때는 구해야 한다. 하나님은 구하는 자에게 마음의 눈을 활짝 열어 주신다. 항상 기뻐하며 범사에 감사하며 살 것들을 볼 수 있도록 마음의 눈을 열어 주신다. 이 진리를 깨달은 바울은 에베소교회 성도들을 향해 이렇게 기도했다.

"우리 주 예수 그리스도의 하나님, 영광의 아버지께서 지혜와 계시의 영을 너희에게 주사 하나님을 알게 하시고 너희 마음의 눈을 밝히사 그의 부르심의 소망이 무엇이며 성도 안에서 그 기업의 영광의 풍성함이 무엇이며 그의 힘의 위력으로 역사하심을 따라 믿는 우리에게 베푸신 능력의 지극히 크심이 어떠한 것을 너희로 알게 하시기를 구하노라." 엡 1:17-19

하나님이 눈을 열어 주시면 부르심의 소망이 무엇인지, 그 기업의 영광의 풍성함이 무엇인지, 믿는 우리에게 베푸신 능력의 지극히 크심이 어떠한 것인지를 알게 된다.

마음의 눈이 열리면 그동안 보이지 않던 것들이 보인다. 보지 못하던 자가 보게 되었을 때의 그 환희가 마음의 눈을 뜰 때도 동일하게 나타난다. 좋은 것들과 감사할 것들이 보이기 시작한다. 이전에 불평히고 원망하던 것들을 감사하게 된다. 보이기 때문이다. 고난 중에도 즐거워하게 된다. 고난 속에 들어 있는 장차 나타날 영광이 보이기 때문이다.

자기가 하는 일이 좋게 보여
스스로에게 '좋다고 말하는 것'이 '만족'이다

　　　솔로몬이 '단식하던 자기 일'이 '즐거운 자기 일'로 바뀐 것은 생명을 찾았기 때문이고 그의 눈이 열렸기 때문이다. 솔로몬은 이 고백을 하기 전에도 일을 했다. 하지만 그때는 보이지 않았다. 그 일이 얼마나 소중한지, 얼마나 의미 있는지, 얼마나 가치 있는지 보이지 않았다. 그 일이 하나님이 내게 맡기신 일이고 그 일을 통해 하나님이 섭리하고 계시고 그 일이 하나님 역사의 한 부분이라는 것이 보이지 않았다. 그런데 눈이 열리자, 하나님이 눈을 열어 주시자 그것이 보였다. 그 일의 의미와 가치가 보이고 그 일 가운데 계신 하나님과 하나님의 뜻이 보였다. 그 일이 자신의 일이 아니라 곧 하나님의 일이라는 것이 보였다. 자신이 하고 있는 일을 자신이 보아도 좋게 보였다. 그렇게 되자 그는 일이 즐거워졌다.

　마음으로 본다는 것은 그 마음에 계신 예수님을 통해 보는 것이다. 생명을 받은 사람은 예수를 통해 본다. 사람도 사물도 사건도 모두 예수를 통해 본다. 예수를 통해 보면 이전에 보이지 않던 것들이 보인다. 보이던 것들도 이전과 달리 보인다. 그래서 신앙생활을 하면서부터 이전에 보지 못하던 것들이 보이고 같은 것들도 이전과 달리 보이는 것이다.

　사람은 보이는 대로 말한다. 자기 자신에게도 말하고 다른 사람에게도 말한다. 자기가 하는 일이 좋게 보여 스스로에게 '좋다고 말하는 것'이 '만족'이다. 곧 수고하는 가운데 심령으로 낙을 누리는 것이다. 우리는 이런 사람을 자기 일에 만족하는 사람, 자기 일에 즐거워하는 사람이라고 부른다.

우리 곁에도 행복이 이렇게 가까이 있는 것을 예전에는 미처 몰랐다고 고백하는 이들이 있다. 그렇다. 예수 믿기 전에는, 신앙생활을 하기 전에는, 지혜와 계시의 성령을 받기 전에는, 마음의 눈이 열리기 전에는 아무리 많은 행복이 곁에 있어도 보이지 않았다. 그런데 눈이 열리자 보였다.

기억해야 한다. 예수 믿고 구원 받았어도 자기 일을 하지 않으면 그는 이 세상을 살면서 "헛되고 헛되며 헛되고 헛되니 모든 것이 헛되다"고 탄식하며 허무해 할 수 있다.

6장
선을 행하는 것_
선행이 있어야 행복하다

선을 행하는 것보다
더 나은 것이 없다

> 사람들이 사는 동안에 기뻐하며 선을 행하는 것보다
> 더 나은 것이 없는 줄을 내가 알았고
> 사람마다 먹고 마시는 것과 수고함으로 낙을 누리는
> 그것이 하나님의 선물인 줄도 또한 알았도다. 전 3:12-13

솔로몬은 "사람들이 사는 동안에 기뻐하며 선을 행하는 것보다 더 나은 것이 없는 줄을 내가 알았다"고 했다. "내가 행복하기 위해 이런저런 시도를 다 해 보았지만 기뻐하며 선을 행하는 것보다 더 나은 것이 없더라"는 고백이다.

구원 후 과정 필수 과목 중에 하나가 선행이라고 솔로몬은 우리에게 가르쳐 주고 있다.

이 땅에서 허무하지 않기 위해서는, 천국을 경험하며 살기 위해서는 선을 행해야 한다. 그래야 행복하다. 삶은 의외로 단순하다. 선을 행하면 천국을 경험하고 악을 행하면 지옥을 경험한다.

'선을 행한다'고 할 때 '선'이 '착할 선善'이다. '선을 행한다'는 말은 곧 '착하게 행한다. 착하게 산다'는 의미다. "기뻐하며 선을 행하는 것보다 더 나은 것이 없는 줄을 내가 알았다"는 솔로몬의 고백은 "착하게 사는 것보다 더 나은 삶이 없는 것을 내가 알았다"는 의미다. 솔로몬의 이 말 속에는 "착하게 살아야 행복하다. 착하게 사는 것 보다 더 나은 삶이 없다"가 들어 있다.

일반적으로 그리스도인들에게 '착하게 살라'고 하면 '아멘' 하고 흔쾌히 받아들이기보다 약간의 거부감을 드러내기도 한다. 착하게 산다고 구원받는 것이 아니라는 말을 많이 들어서 그런 것 같기도 하다. 그렇다. 착하게 산다고 구원 받는 것은 분명히 아니다. 그러나 잊지 말아야 한다. 믿음으로 구원 받았다면 착하게 살아야 한다. 착하게 사는 것은 구원 받은 사람의 구원 후 과정의 기본이자 필수다.

예수님도 제자들에게 착하게 살라고 하셨다. 예수님이 제자들을 향해 "너희는 세상의 빛과 소금"이라고 하시며 "이같이 너희 빛이 사람 앞에 비치게 하여 그들로 너희 착한 행실을 보고 하늘에 계신 너희 아버지께 영광을 돌리게 하라"마 5:16고 하셨다. 예수님의 이 말씀을 통해 그리스도인인 우리가 착하게 살아야 한다는 것을 알 수 있다. 구원 받은 우리가 착하게 살고 우리에게 착한 행실이 있어야 우리는 세상의 빛과 소금이다. 우리에게서 착함이 사라지면 빛도 사라지고 착한 행실이 사라지면 맛도 사라진다. 맛을 잃어버린 소금은 아무 쓸모가 없다.

  세상은 그리스도인인 우리의 착한 행실을 보고 하나님께 영광을 돌린다. 사람들이 자녀의 행실을 보고 그 부모를 칭찬하고 존경하는 것과 같은 이치다. 우리가 세상에 보여주는 착한 행실이 없다면 그들이 하나님께 돌릴 영광도 없다. 만약 세상이 우리에게서 착한 행실이 아니라 악한 행실을 본다면 세상은 하나님께 영광을 돌리는 대신 욕을 할지 모른다. 세상이 하나님께 영광을 돌리게 하기 위해서 우리는 착해야 한다.

우리 마음 놓고
착하게 살자

    예수님도 우리에게 착하게 살라고 하시니 우리 마음 놓고 착하게 살아야 한다. 예수 믿는 사람은 착해야 한다. 예수 믿는 사람은 착하게 행동해야 한다. 구원 받은 사람은 착하게 살아야 한다.

착한 일은 찾아서 해야 한다. 사람은 착한 일을 하지 않으면 악한 일을 하는 존재다. 마음이 원하는 대로 본성을 따라하면 그 일은 대부분 악한 일이다. 가만있으면 악한 일을 하게 될 가능성이 높은 존재가 사람이다. 착한 일을 하면 악한 일을 안 할 수 있다. 착한 일이 우성이다. 착한 일이 악한 일을 이긴다.

착한 생각이 악한 생각을 이긴다. 누군가를 도울 길을 찾고 방법을 찾는 착한 생각은 탐심과 음행과 온갖 더러운 생각을 이긴다. 착한 생각을 하면 악한 생각을 하지 않을 수 있다. 이 단순한 사실을 놓치고 나쁜 생각을 하지 않고 나쁜 일을 하지 않기 위해 애만 쓰는 안타까운 경우가 있다.

나쁜 생각을 하지 않으려고 애쓰지 말고 착한 생각을 하라. 악한 일을 하지 않으려고 몸부림치지 말고 그냥 착한 일을 하라. 그러면 된다.

무엇이 착한 일인지 몰라 못하겠다고 하는 경우는 없을 것이다. 거창하게 생각하지 않아도 된다. 지금 내가 할 수 있는 착한 일을 하면 된다. 돈이 많아야 가능하고 시간이 있어야 가능한 것도 아니다. 지금 내가 있는 곳에서 지금 당장 할 수 있는 일이 착한 일이다. 우리는 직장에서 착할 수 있고 교회에서 착할 수 있고 사회에서 착할 수 있다. 그것을 지금 하면 된다. 웃어주는 일도 착한 일이고 친절하게 전화 받아 주는 일도 착한 일이다. 내가 내 일을 성실하게 함으로 다른 사람으로 신경 쓰지 않도록 하는 것도 착한 일이다.

착한 일과 관련해서 자신이 한 착한 일이 사람들에게 드러나는 것에 알러지 반응을 보이는 이들이 있다. 누군가 착한 일을 하는 것이 보이면 "그렇게 보이게 하지 말고 보이지 않게 하라"고 타박한다. 그리스도인 가운데는 착한 일은 보이지 않게 해야 한다는 생각이 지나친 이들도 있다. 아무래도 "오른 손이 하는 것을 왼손이 모르게 하라"는 성경 말씀만 알아서 생긴 일인지 모른다. 만약 자신도 이 계열이라고 생각된다면 여기서 인용한 예수님의 말씀 "이같이 너희 빛이 사람 앞에 비치게 하여 그들로 너희 착한 행실을 보고 하늘에 계신 너희 아버지께 영광을 돌리게 하라"마 5:16도 함께 기억했으면 좋겠다.

우리가 보여주기 위해 하는 착한 일은 삼가야 한다. 그러나 착한 일을 하는 가운데 드러나는 것은 굳이 감추려고 하지 말아야 한다. 세상이 우리의 착한 행실을 보지 못하도록 담을 쌓는 일은 하지 말아야 한다. 자연스럽게 우리의 빛이 사람 앞에 비치게 하여 그들로 우리의 착한 행실을 보고 하늘에 계신 하나님께 영광을 돌리게 해야 한다.

착하게 살면
행복하다

착하게 살면 세상이 우리를 보고 하나님께 영광을 돌린다. 우리 자신을 위해서도 또한 하나님의 영광을 위해서도 우리는 착하게 살아야 한다. 구원 받기 위해 착하게 사는 것이 아니라 구원 받았으니 착하게 살아야 한다.

착함의 기준이 무엇일까. 선의 기준이 무엇이냐는 의미다. 선의 기준은 하나님이시다. 하나님의 말씀대로 하는 것이 선이다. 하나님이 하라고 한 것을 하는 것이 선이고 하나님이 하지 말라고 한 것을 하지 않는 것이 선이다. 하나님의 말씀대로 하는 것이 착하게 사는 것이다.

하나님의 말씀대로 하면, 곧 착하게 살면 천국을 경험하고 하나님의 말씀대로 하지 않으면, 곧 악하게 살면 지옥을 경험한다. 문제는 사람들이 악을 행하면서 행복하려고 한다는 것이다. 이것은 바람을 잡으려는 수고다. 악으로 행복을 얻으려는 시도를 솔로몬은 단호하게 "헛되다"고 단언했다.

만약 예수를 믿지만 선을 행하지 않고 착하게 살지 않고 성경대로 하지 않으면 그는 이 세상을 사는 동안에는 지옥을 경험하며 살수 밖에 없다. 삶이 곤고하지 않으려면, 인생이 공허하지 않으려면 선을 행해야 한다. 착하게 살아야 한다. 성경대로 살아야 한다.

성경은 우리에게 "선한 싸움을 싸우라"고 한다. "악에게 지지 말로 선으로 악을 이기라"고 한다. "모든 것을 참고 모든 것을 믿고 모든 것을 바라고 모든 깃을 견디라"고 한다. 참아야 천국이다. 견뎌야 천국이다. 참지 않고 견디지 않으면 솔로몬이 했던 탄식을 우리도 할 수 밖에 없다. 화나는 대로 다 내고 기분 나쁘다고 다 소리 지르며 심령으로 낙을 누릴 수는 없다. 참아야 한다. 견뎌야 한다.

기억해야 한다. 예수 믿고 구원 받았어도 착하게 살지 않으면 그는 이 세상을 살면서 "헛되고 헛되며 헛되고 헛되니 모든 것이 헛되다"고 탄식하며 허무해 할 수 있다.

천국을 경험하게 하는
생명 · 사명 · 선행

우리의 마음이 천국이 아니고, 천국을 경험하기보다 지옥을 경험하고 있다면 지금 내게 생명이 있는지, 자기 일에 충실하고 있는지, 선을 행하고 있는지 점검해야 한다. 그 중에 어느 하나라도 이상이 있다면 서둘러 그것을 원상복구 해야 한다. 그러면 우리의 마음은 다시 천국이 되고 우리의 삶은 다시 천국을 경험할 것이다.

기억해야 한다. 예수 믿고 구원 받았어도 생명·자기 일·선행이 없으면 그는 이 세상을 사는 동안에는 "헛되고 헛되며 헛되고 헛되니 모든 것이 헛되다"고 탄식하며 허무하게 살 수 밖에 없다.

신앙생활2_경외와 순종

나는 사람이다!
사람의 본분을 따라 사는

나는 사람이다

솔로몬의 전도서는 이렇게 끝을 맺는다.

일의 결국을 다 들었으니
하나님을 경외하고 그의 명령들을 지킬지어다.
이것이 모든 사람의 본분이니라. 전 12:13

문 : "사람의 본분은 무엇일까?"
답 : "사람의 본분은 하나님을 경외하고 그분의 명령을 지키는 것이다."

"왜 솔로몬은 책의 결론을 이렇게 내렸을까?"

이 결론과 그가 찾은 최고의 인생과는 아주 밀접한 관계가 있다. 그가 찾은 최고의 인생을 사는 길이 바로 사람의 본분을 따르는 것이기 때문이다. 사람은 사람의 본분을 따라 살 때 행복하다.

7장
나는 경외하는 사람이다

일의 결국을 다 들었으니
하나님을 경외하고 그의 명령들을 지킬지어다.
이것이 모든 사람의 본분이니라. 전 12:13

사람의 본분 I
하나님 경외

하나님을 경외하는 것은 사람의 본분이다. 본분은 사람이라면 마땅히 해야 할 일이다. 하나님을 경외하지 않는 것은 사람의 본분을 저버리는 일이다. 사람이 하나님을 경외할 때 그는 비로소 사람의 본분대로 하는 것이다.

하나님을 경외한다는 것은 문자적으로는 하나님을 두려워한다는 의미다. 어떤 좋지 않은 일을 하려다가 하나님이 두려워 그 일을 하지 않았다면 이것이 하나님을 경외한 것이다.

하나님을 경외하는 것이 무엇인지, 또 어떻게 하는 것인지, 그 결과는 어떠한지, 하나님을 경외하지 않으면 어떻게 되는지를 성경에서 찾아 설명하려고 한다.

하나님 경외의 기본은 오직 하나님만 항상 경외하는 것이다. 다른 신들을 경외하면 안 된다. 또한 다른 것과 더불어 하나님을 경외해서도 안 된다. 오직 여호와 하나님만 경외해야 한다. 하나님께서 오직 여호와만 경외하라고 하신 이유는 우리를 위해서다. 사람은 하나님을 경외해야만 행복하다. 하나님께서 사람을 만드실 때 그렇게 디자인하셨다. 그래서 하나님이 오직 여호와 하나님만 섬기라고 하신 것이다. 하나님께서 이스라엘 백성들에게 십계명을 주시면서 "나는 너를 애굽 땅, 종 되었던 집에서 인도하여 낸 네 하나님 여호와라"고 말씀하셨다. 이 말 속에는 "나는 너를 좋게 하는, 나는 너를 잘되게 하는 하나님 여호와"라는 의미가 들어있다. 하나님이 우리에게 하시는 말씀은 다 우리를 좋게 하기 위해서, 우리를 잘 되게 하기 위해서다.

주의 말씀을 경외하는 것이 주를 경외하는 것이다. 주의 말씀을 즐거워하는 것이 주를 경외하는 것이고 주의 말씀을 사랑하는 것이 주를 경외하는 것이다.

하나님을 경외하는 것은 지식의 근본이다. 하나님을 경외하는 것이 완전한 지혜다. 지혜 중에 지혜는 하나님을 경외하는 것이다.

하나님을 경외하는 것이 그 자신의 보배다. 왜 하나님을 경외하는 것이 우리의 보배인가. 하나님을 경외하게 되면 악을 미워한다. 악을 미워하면 악한 자의 길로 나아가지 않는다. 당연히 재앙을 피하게 되고 하나님의 상급 받는 길을 걷게 된다.

하나님을 경외하는 것은 사람으로 생명에 이르게 한다. 생명의 샘이다. 생명은 하나님을 경외하는 자의 것이다. 하나님을 경외하는 자는 생명이 있는 살아있는 존재다.

하나님을 경외하는 자에게
약속된 것들이 있다

하나님을 경외하는 자에게 하나님이 하시는 일들이 있다. 다음은 이것을 성경에서 찾아 정리한 것이다.

하나님을 경외하면 부족함이 없다. 아무 부족함이 없다. 모든 좋은 것에 부족함이 없다. 족하게 지낸다. 그의 영혼은 평안히 거한다. 만족은 여호와를 경외하는 자의 것이다. 솔로몬이 족하게 지낸 것이 바로 하나님을 경외하면서부터다.

하나님을 경외하는 자에게 하나님이 상을 주신다. 여호와를 경외하는 자가 받는 다양한 상 중에 하나는 하나님과 사람 앞에서 칭찬을 받는 것이다. 하나님과 사람 앞에 은총과 귀중히 여김을 받는 사람이 여호와를 경외하는 사람이다.

하나님은 하나님을 경외하는 이들의 필요를 채워주신다. 하나님이 그에게 양식을 주신다.

아비가 자식을 불쌍히 여김 같이 하나님이 여호와를 경외하는 자를 불쌍히 여기신다. 긍휼히 여기신다. 하나님이 긍휼히 여기시면 일이 된다.

여호와를 경외하는 자를 하나님이 받으신다. 여호와의 친밀함이 그에게 있다. 그의 말을 하나님이 들으시고 그 앞에 있는 기념 책에 기록하신다. 하나님을 경외하는 사람은 하나님과 소통한다.

여호와를 경외하는 자는 잘된다. 하나님이 그에게 승리를 주신다. 하나님께 재물과 영광과 생명을 얻는다. 하나님이 그의 집을 왕성하게 하신다. 하나님을 경외하는 자는 그 손이 수고한 대로 먹고 그는 복되고 형통하다.

여호와를 경외하는 것이 몸에 양약이 되어 골수로 윤택하게 한다. 의로운 해가 떠올라서 여호와를 경외하는 자에게 치료하는 광선을 발한다. 여호와를 경외하는 자는 나가서 외양간에서 나온 송아지 같이 뛴다. 여호와를 경외하는 자는 정녕히 장래가 있고 소망이 끊어지지 않는다. 그는 장수한다. 영생한다는 의미다.

여호와를 경외하는 자의 아내는 결실한 포도나무 같다. 그의 상床에 둘린 자식은 어린 감람나무 같을 것이다. 그 자손은 땅을 상속한다. 그 자녀들에게 피난처가 있다. 그와 그의 자손을 더욱 번성하게 하신다. 그의 후손이 복을 받는다. 천지를 지으신 여호와께 복을 받는다. 그래서 여호와를 경외하는 자는 복이 있다. 그는 복되다.

하나님은 여호와를 경외하는 자의 도움이시고 방패시다. 여호와를 경외하는 자에게는 견고한 의뢰가 있다. 하나님이 그를 기뻐하신다. 하나님은 여호와를 경외하는 자를 사망의 그물에서 벗어나게 하신다. 저희 영혼을 사망에서 건지신다. 기근 시時에 살게 하신다. 그의 발을 그물에서 벗어나게 하신다. 여호와의 사자가 둘러 진치고 저희를 건지신다. 여호와를 경외하는 자는 악에서 떠나게 된다. 재앙을 만나지 않는다.

하나님을 경외함이 없는 것이 악이고 고통이다. 여호와를 경외하지 않는 자에게는 두려움이 광풍같이 임한다. 재앙이 폭풍같이 임한다. 그는 잘되지 못하고 장수하지 못한다. 영생을 얻지 못한다는 의미다. 그날이 그림자와 같고 심판을 받는다.

신神을 만드는 사람

신이 만든 사람

　　　　성경지리연수 중에 아덴에 간 적이 있다. 우리가 아테네라고 부르는 그리스의 수도다. 그리스는 사도바울이 전도여행을 했던 곳이다. 당시 이곳에 사는 사람들은 헬라 사람으로 불려졌다. 고린도, 데로니가, 빌립보, 베뢰아, 밧모섬, 겐그레아, 네압볼리, 아덴, 미항 등이 그리스 안에 있다. 고린도와 아덴을 묶어 아가야 지방이라고 불렀다.

　그리스하면 그리스 신화, 올림픽의 발상지, 헬라문화 등이 떠오른다. 이곳 사람으로는 아리스토텔레스, 소크라테스, 플라톤, 알렉산더 대왕을 기억할 것이다.

　그리스에 가서 그리스 역사를 들어보니 많은 부분이 신화와 연결되어 있었다. 한참을 듣다보니 어디서부터 어디까지가 신화고, 또 실제 역사인지 혼란스러워졌다. 조심스럽게 안내를 해 준 분에게 "어디까지가 신화고 어디까지가 역사냐"고 물었다. 이런 혼동은 비단 나만 하는 일이 아니었다. 그리스 사람들도 신화와 실제 역사를 많이 혼동하고 있었다.

　그리스 신화에는 대부분 신들이 등장한다. 신들이 많기도 하다. 그 신들은 나름대로 계보를 형성하고 서열도 있었다. 신화 속에 등장하는 신들의 이야기를 들어보니 그 신들은 사람들이 만든 신이었다. 한 사람이 한 번에 다 만든 것은 아니고 여러 사람이 오랜 기간을 거쳐 만들었다. 신 하나가 등장하면 그 신의 아들이 등장하고 딸이 등장한다. 바위를 보고 만든 신 이야기에는 반드시 그 바위에서 신이 한 일이, 산을 보고 만든 신 이야기에는 그 산에서 그 신이 한 일이 들어 있다. 이러다 보니 그리스 사방이 신들의 천지다. 어디를 가도 그곳과 관련된 신들의 이야기가 있었다.

그리스 사람들이 만든 신을 수입해 간 나라가 로마다. 로마는 그리스 사람들이 만든 신을 원자재로 수입해 임가공해서 '그리스 로마 신화'라는 이름으로 전 세계에 팔았다. 우리가 유명 브랜드로 알고 있는 나이키, 비너스, 박카스도 그리스 사람들이 만든 신들의 이름이다. 나라마다 사람들이 만든 신이 있다. 그리스 사람들은 다른 나라 사람들보다 유난히 많은 신을 만들었다. 그 신들은 다른 어느 나라 산産 신보다 세계적으로 유명하다.

사도 바울이 아덴에서 선교한 내용이 사도행전 17장에 기록되어 있다. 바울 당시에도 그리스에는 사람들이 만든 신과 그 신의 형상들로 가득했다. 말씀을 읽는 중에 왜 그리스에 그렇게 신들이 많은지 알 수 있는 키를 발견했다.

"모든 아덴 사람과 거기서 나그네 된 외국인들이 가장 새로운 것을 말하고 듣는 것 이외에는 달리 시간을 쓰지 않음이더라." 행 17:21

이 말씀을 읽는데 날마다 새로운 이야기를 만들어 광장으로 들고 오는 아덴 사람들 모습이 그려졌다. 가장 새로운 것을 말하고 듣는 이외에 시간을 쓰지 않았을 정도로 아덴 사람들은 이 일에 집중했다. 이런 과정을 통해 철학이 발전했고, 또 이런 과정을 통해 신들은 만들어졌고 또 전해졌다.

하나님이 사람을 창조하셨다. 신이 사람을 만들었다. 사람이 신을 만든 것이 아니다. 하나님은 사람에 의해 만들어진 신이 아니다. 영원 전부터 스스로 존재하시는 신이다. 이 하나님이 우리가 믿는 하나님이다.

하나님을 믿는 사람은 신을 만드는 어리석은 수고를 하지 않는다. 그 일로 시간을 허비하지 않는다. 대신 하나님을 믿고 그분의 말씀을 행한다. 신이 만든 사람이 있고, 신을 만드는 사람이 있다. 자신이 신이 만든 사람임을 인정하고 그 신을 섬기는 것이 하나님 경외의 첫걸음이다.

하나님 경외를 위해
우리는 믿는다

하나님을 경외하는 것을 신약 버전으로 표현하면 예수를 믿는 것, 곧 신앙생활을 하는 것이다. 사람의 본분은 예수 믿는 것이다. 곧 신앙생활을 하는 것이다.

솔로몬이 찾은 이 보다 나은 것이 없는 인생을 살기 위해서 우리가 해야 할 첫 번째 일은 예수 믿는 것이다. 신앙생활을 하는 것이다. 우리 주변에 아직 신앙생활을 하지 않고 있는 사람이 있다면 우리가 해야 할 일은 그에게 복음을 전해 예수 믿게 하는 것이다. 그럴 일은 없겠지만 혹여라도 당신이 아직 신앙생활을 하지 않고 있다면, 지금 가장 시급하게 당신이 해야 할 일은 예수 믿고 신앙생활을 하는 것이다. 다음은 예수 믿지 않는 사람에게 전하는 복음이다.

당신은 죄인이다. 글의 첫 문장에 당신은 기분이 상했을 수도 있다. 당신을 정죄하기 위해 이 말을 하는 것이 아니다. 당신을 구원받게 하기 위해서 하는 말이다. 우리 모두는 죄 가운데서 잉태되었고, 죄 가운데서 출생했다. 사람은 나면서부터 죄인이다.

죄로 말미암아 인류 모두에게 찾아온 것이 사망이다. 죽음이 찾아왔다. 죽음은 세 가지다. 영적 죽음, 육적 죽음, 영원한 죽음. 죽음은 분리되는 것이다. 영혼과 육체가 분리되는 것이 육적 죽음이다. 사람과 하나님이 분리되는 것이 영적 죽음이다. 영원히 지옥으로 떨어지는 것이 영원한 죽음이다. 죄로 말미암아 이 세 가지 죽음이 인간에게 찾아왔다. 이것이 죄의 형벌이다. 이것은 누구도 피할 수 없다.

죽음이 두려운 것은 죽음 후에 지옥에 떨어지기 때문이다. 혹시 당신의 육체는 그것을 의식하지 못한다 할지라도 당신의 영혼은 안다.

당신이 이 세상을 떠난 후에 당신이 어디로 갈지를. 육체와 분리된 후 지옥에 떨어질 것을 아는 당신의 영혼은 당신 안에서 떨고 있다. 이것이 불안의 뿌리다. 그 무엇으로 채워도 채워지지 않는 허전함과 공허함의 원인이다.

인생에서 가장 중요한 문제는 죄 문제를 해결하는 것이다. 이것이 인생에서 가장 급하게 처리해야 할 중요한 일이다. 죄 문제를 해결해야 지옥에 가지 않는다. 죄 문제를 해결해야 불행에서 벗어난다. 죄가 사라져야 행복하다.

안타까운 사실은 사람에게는 죄 문제를 해결할 능력이 없다는 것이다. 사람이 노력해서 해결할 수 있는 일이 많다. 그러나 아무리 노력해도 할 수 없는 일들도 있다. 그중에 하나가 죄 문제를 스스로 해결하는 것이다. 당신 스스로 아무리 애쓰고 힘써도 죄 문제는 해결할 수 없다. 선한 일로 당신의 죄를 상쇄시킬 수 없다. 평생을 속죄하는 마음으로 살아도 당신의 죄는 속죄되지 않는다.

이런 비참한 인생을 향해 기쁜 소식이 전해졌다. 죄 문제를 해결하고 자유 할 수 있는 길이 열렸다. 그 길이 예수 그리스도다. 하나님이 당신을 사랑하셔서, 당신 스스로 해결할 수 없는 죄 문제를 해결해 주기 위해 외아들 예수 그리스도를 이 땅에 보내 주셨다. 당신에게 보내 주셨다. 당신을 찾아 이 땅에 오신 하나님의 아들을 마음에 영접해야 한다. 예수님을 믿어야 한다. 믿기를 원하면 '아멘' 하면 된다.

죄의 삯은 사망이다. 예수님은 십자가에 달려 죽으셨다. 죄 없으신 예수님이 당신이 치러야 할 죗값인 사망을 대신 당하셨다. 예수님은 당신을 대신해서 죽으셨다. 예수님은 십자가에서 영적 죽음, 육적 죽음, 영원한 죽음을 다 당하셨다. 당신이 당신의 죄로 말미암아 죽을 이 세 가지 죽음을 예수님이 다 당하신 것이다.

예수님을 믿으면 당신은 살아난다. 영적 죽음에서 다시 살아난다. 하나님과 분리된 당신이 다시 하나님과 하나가 된다. 하나님과 원수 된 당신이 하나님과 화목하게 된다. 이것이 중생이다. 당신은 거듭난다. 당신은 육적 죽음을 맞을 것이다. 그러나 다시 살아날 것이다. 당신은 부활한다. 생명의 부활을 하게 될 것이다. 당신은 영원히 산다. 영생한다.

예수님이 당신을 대신해서 당신이 받을 죄의 형벌을 받으셨기 때문에 당신이 받을 죄의 형벌은 없다. 한 번 죽는 것은 사람에게 정해진 일이다. 그 후에는 심판이 있다. 그러나 예수님을 믿는 당신은 심판을 받지 않는다. 이미 예수님이 당신을 대신해서 심판을 받으셨기 때문에 당신은 심판에 이르지 않는다.

예수님을 믿는 당신은 이제 더 이상 죄책감으로 괴로워하지 않아도 된다. 더 이상 죄에 눌려 살지 않아도 된다. 죄가 이끄는 대로 더 이상 끌려 다니지 않아도 된다. 당신은 죄에서 벗어났다. 죄 사함을 받았다. 당신은 이제 자유인이다. 죄 사함을 받은 행복자다. 당신은 지옥 가지 않는다. 당신이 이 세상을 떠나면 천국 간다.

죄의 형벌로 인해 두려워 떨던 인생은 더 이상 당신의 인생이 아니다. 하나님은 예수님을 믿는 당신을 향해 너는 의인이라고 선포하신다. 이제 당신은 의인이다. 당당하고 담대하게 살 것이다. 평안이 당신의 것이다. 예수님을 믿는 당신의 영혼은 이제 더 이상 당신 안에서 불안해하지 않는다. 당신의 영혼이 언제 어디서 당신의 육체와 분리된다 하여도 당신의 영혼은 천국 갈 것을 알기 때문이다.

아직 예수님을 믿지 않고 있다면 회개하고 예수 믿어야 한다. 당신은 예수 그리스도를 믿어야 한다. 예수님을 당신의 주인으로 모셔 들여야 한다. 믿음은 당신의 결정권자를 바꾸는 것이다. 결정권자를 자신에서 예수님으로 바꾸는 것이다.

신앙생활을 하면 일상 가운데서 심령으로 낙을 누리며 사는 최고의 인생이 시작된다. 이 세상을 떠나면 아름다운 천국에 들어간다.

하나님 경외를 위해
우리는 배운다

하나님을 경외하기 위해서는, 신앙생활을 하기 위해서는 배워야 한다. 하나님은 광야에서 모세에게 이스라엘 백성들을 모으라고 하셨다. 그 이유를 하나님은 이렇게 말씀하셨다.

"내가 그들에게 내 말을 들려주어 그들이 세상에 사는 동안 나를 경외함을 배우게 하며 그 자녀에게 가르치게 하리라." 신 4:10

이 말씀을 통해 우리는 다음 세 가지 사실을 알 수 있다.

하나님을 경외하기 위해서 배워야 한다.

하나님 경외를 배우기 위해서는 말씀을 들어야 한다.

하나님 경외는 부모가 배워 자녀에게 가르쳐 전수시키는 것이다.

하나님을 경외하기 원하는 우리는 말씀을 가까이 한다. 성경공부를 한다. 평생 말씀을 자기 옆에 두고 읽으며 하나님 경외하기를 배우고 있다.

교훈을 통한 배움

우리가 아직 어떤 일을 행하지 않았을 때, 미리 어떻게 하라고 일러주시는 말씀을 교훈이라고 할 수 있다. 예방적인 차원에서 하신 말씀이 교훈이다. 망하기 전에 교만하지 말라고 미리 일러주는 경우다.

성경에는 교훈이 가득하다. 하나님은 우리에게 교훈을 받고 교훈을 멸시하지 말라고 명하신다. 교훈을 받으면 평강을 누리게 될 것이라고 약속하시면서.

책망을 통한 배움

하나님의 교훈을 받아 말씀대로 살면 좋겠지만 그렇게 하지 못할 때가 있다. 말씀대로 하지 않을 때가 있다. 하나님의 말씀과 반대로 할 때도 있다. 이렇게 되면 하나님은 우리를 책망하신다.

  교훈이 예방적 차원이라면, 책망은 치료적 차원이다. 교훈이 어떤 일을 하기 전에 사전에 하는 교육이라면 책망은 어떤 그릇된 일을 한 후에 그것을 돌이키기 위한 조치다.

  하나님은 교훈과 책망을 통해 우리를 행복의 길로 인도하신다. 가장 좋은 것은 교훈을 받고 그대로 따르는 것이다. 책망 받을 일을 하지 않는 것이 지혜다. 그러나 우리는 사람이기 때문에 그렇게 하지 못한다. 잘못할 때가 있다. 하나님의 말씀을 떠나 마음대로 할 때가 있다. 이럴 때 하나님은 책망하신다. 하나님의 말씀을 떠나 각기 제 길로 가면 마음이 불편하다. 마음이 괴롭다. 평안하던 마음이 불안해진다. 모든 것이 의미 없어진다. 하나님의 책망이 시작되었다는 마음의 신호다. 이것은 하나님이 양심을 통해 책망하실 때 나타나는 현상이다.

  많은 경우 하나님의 책망은 말씀을 통해 주어진다. 설교를 들을 때 마음에 찔림이 있다. 성경을 읽을 때 찔린다. 하나님이 책망하시는 것이다. 성경과 설교를 통해서만 책망하시는 것은 아니다. 사람을 통해서도 책망하시고, 언론매체를 통해서도 책망하신다. 책망을 들었을 때는 속히 돌이켜야 한다. 돌이키면 회복된다.

  책망까지는 말로 하는 것이다. 교훈도 말로 하는 것이고 책망도 말로 하는 것이다. 말로 할 때 듣는 것이 현명하다.

징계를 통한 배움

책망을 해도 안 듣는 경우가 있다. 그렇다고 하나님이 포기하시는 것은 아니다. 그러면 하나님은 징계하신다. 사람 막대기와 인생 채찍을 드신다. 바벨론이라는 채찍을 들어 이스라엘을 징계하신 것처럼 징계하신다.

하나님이 예레미야 선지자를 통해 얼마나 이스라엘을 교훈하고 책망했는지 모른다. 그러나 이스라엘 백성들은 하나님의 교훈과 책망을 멸시했다. 하나님의 참고 기다리심을 가벼이 여겼다. 그들은 계속 하나님의 말씀을 떠나 반대편으로 달렸다. 결국 하나님은 바벨론이라는 몽둥이를 들어 이스라엘을 징계하셨다. 이스라엘은 바벨론에 포로로 잡혀갔다. 이 징계를 통해 이스라엘은 돌이켰다. 마음을 돌이켜 하나님을 향했다. 다시 하나님의 말씀을 가까이했다.

징계는 사랑이다. 하나님은 사랑하기 때문에 징계하신다. 성경에 보면 하나님이 내버려 두시는 사람들이 있다. 불쌍한 사람들이다. 그러나 하나님은 그의 자녀들을 결코 내버려 두지 않으신다. 욥은 하나님이 자신을 침 삼킬 동안도 놓지 않으셨다고 말했다.

하나님의 징계를 받을 때 낙심하지 말아야 한다. 징계는 저주가 아니다. 징계는 복이다. 징계는 사랑이다. 징계는 죽이는 일이 아니라 살리는 일이다. 징계를 하는 것은 망하게 하는 것이 아니라 흥하게 하는 것이다. 징계를 달게 받아야 한다. 징계를 받아들이는 자에게 심령의 낙이 회복된다.

  하나님의 말씀에 순종하라는 교훈을 받고 순종하는 자는 행복하다. 순종하지 않으면 하나님이 책망하신다. 책망을 듣고 돌이키면 그도 행복하다. 책망을 해도 듣지 않는 자에게 하나님은 징계하신다. 징계를 받고 돌이키면 그도 행복해진다. 하나님은 그의 자녀들을 행복하게 하기 위해 교훈하고, 책망하고, 징계하신다.

  하나님이 징계해도 듣지 않는 사람이 있을까? 결국은 듣는다. 하나님이 택하신 그의 자녀들은 결국은 돌이킨다. 다만 징계의 기간을 단축하는 사람이 있고 징계의 기간을 늘리는 사람이 있다. 하나님의 징계는 받는 사람이 돌이킬 때까지 연장된다. 하나님과 겨루어 이길 생각을 하는 것은 어리석은 일이다. 하나님은 결코 우리의 불행을 그대로 보고 계시는 분이 아니다. 마침내 우리를 행복한 길로 인도하신다. 우리는 결국 돌아선다.

경험을 통한 배움

  우리 삶에는 경험을 통해 배우는 것이 있고, 학습을 통해 배우는 것이 있다. 경험을 통해 배운 것은 힘이 있다. 그래서 경험자의 말은 힘이 있다. 그러나 경험을 통해 배우기에는 인생이 너무 짧다. 또 치러야 하는 값도 만만치 않다.

좋은 것은 자신의 경험을 통해 배우면 좋다. 이것은 다다익선이다. 순종을 했더니 그 결과가 좋았다. 이런 경험은 많으면 많을수록 좋다. 부모를 공경했더니 하나님이 성경에 약속한 대로 잘되게 하신 것 같은 경험은 얼마든지 해도 좋다. 정직하게 살았더니 하나님이 나를 흥하게 하셨다는 것 같은 것도 마찬가지다.

그러나 좋지 않은 것이 있다. 예를 들면 이런 것들이다.

"거짓말을 하고 망했다. 외도를 하고 한꺼번에 모든 것을 다 잃었다. 알코올 중독자가 되어 비참해졌다. 교만하다 망했다. 거만하다 넘어졌다. 보증을 섰다가 평생 그 돈을 물어줬다. 무리하게 빚을 얻어 사업하다 큰 낭패를 겪었다."

이런 것들을 경험을 통해 배우려고 한다면 그 인생이 얼마나 비참하겠는가. 그 고통은 말로 다할 수 없을 것이다. 이런 일들은 자신의 경험이 아닌 교훈이나 다른 사람의 경험을 학습함으로 배우는 것이 지혜다.

다른 사람의 경험을 학습함으로 배우는 방법 중 하나는 책을 읽는 것이다. 책을 읽는 것은 다른 사람이 깨달은 것을 배우고, 다른 사람이 한 경험을 배우는 것이다. 이런 관점에서 보면 책값은 저렴하다. 그것을 몸으로 경험하고 배우기 위해 치러야 하는 값과 비교하면 그렇다.

다른 사람의 경험을 학습하는데 좋은 책 중의 책은 성경이다. 책을 읽을 때는 그 책의 진실성, 진정성을 살펴야 한다. 역사책을 읽을 때도 저자의 사관을 살펴야 한다. 정사인지 야사인지도 구분해야 한다. 그러나 성경을 읽을 때는 그럴 필요가 없다. 일반적으로 위인전에는 그 사람의 한 면만 기록되어 있는 경우가 많다. 많은 경우 그 사람이 실패하고, 넘어지고, 죄를 범한 일은 가려져 있다. 그러나 성경에는 다 나온다. 하나님의 마음에 합한 사람 다윗의 양면성이 다 나온다. 하나님을 전적으로 의지하고 신뢰하는 다윗이 나오는가 하면 부하의 아내를 범하고 그것을 감추기 위해 부하를 죽게 하는 다윗도 나온다.

남의 아내를 범하면 어떻게 되는지를 몸으로 경험하고 배우려면 너무 고통스럽다. 다윗을 보고 배우라고 하나님은 성경을 주셨다. 성경에는 대머리라고 놀리다 곰에게 물려 죽은 사람의 경험도 있다. 거짓말로 재물을 얻으려다 나병에 걸린 사람의 경험도 있다. 다른 사람을 죽이려다 자신이 죽은 사람의 경험도 있다. 하나님을 원망하다가 뱀에게 물려 죽은 사람의 경험도 있다.

자신의 몸으로 성경에 기록되어 있는 경험이 진리임을 증명할 필요는 없다. 거짓말을 하고 망하는 경험을 하고 나서 과연 성경은 진리라고 할 필요는 없다는 말이다. 성경은 진리다. 이미 수많은 사람들이 그것을 확증했다. 우리는 그저 배우면 된다.

다른 사람의 경험을 학습함으로 배우는 방법 중 또 하나는 다른 사람의 경험을 보고 듣는 것이다. 이것이 간증일 수도 있고, 강연일 수도 있고, 토크쇼일 수도 있다. 다른 사람의 경험을 들을 필요가 있다. 인생을 오래 산 어르신들을 만나면 인생에서 가장 소중한 것이 무엇이냐고 물어볼 필요가 있다. 굳이 유명한 사람, 성공한 사람의 경험만 찾을 필요는 없다. 실패한 사람의 경험도 들을 필요가 있고, 넘어진 사람의 경험도 들을 필요가 있다. 그래야 그것을 우리가 몸으로 경험하지 않을 수 있다.

지나가다가 게으른 자의 밭과 지혜 없는 자의 포도원을 보니 가시덤불이 퍼졌고 거친 풀이 지면에 덮였고 돌담은 무너졌다. 잠언 기자는 이것을 보고 생각이 깊었고 훈계를 받았다. 다른 사람의 경험을 통해 배운 잠언 기자는 뭇사람을 향해 "네가 좀 더 자자, 좀 더 졸자, 손을 모으고 좀 더 눕자 하면 네 빈궁이 강도 같이 오며 네 곤핍이 군사 같이 이를 것"이라고 경고했다. 배우려고 하면 사방에 배울 것이 널려 있다.

역사를 통한 배움

배우는 또 하나의 방법은 역사를 통해 배우는 것이다. 우리나라 역사도 좋고, 세계 역사도 좋다. 역사를 통해 우리는 배울 수 있다. 성경에 이스라엘 역사가 나온다. 왜 우리가 이스라엘 역사를 배워야 하느냐고 반문하는 경우가 있다. 하나님은 우리에게 이스라엘 역사 그 자체를 공부하라고 하는 것이 아니다. 그 역사 안에서 일어났던 일들을 통해, 이스라엘의 흥망성쇠를 통해 배우라는 것이다. 광야에서 이스라엘 백성들이 했던 원망과 불평을 통해 원망과 불평하면 어떻게 되는지, 자기 소견에 옳은 대로 행하면 어떻게 되는지를 배우라는 것이다. 그것을 우리가 직접 경험을 통해 배우지 않도록 하기 위해 성경에 꼼꼼히 기록해 주신 것이다.

우리는 지난 과거 역사뿐만 아니라 현재 역사를 통해서도 배워야 한다. 오늘도 우리 주변에서는 이런저런 일들이 일어나고 있다. 그중에는 우리 눈으로 직접 보고 듣는 것도 있다. 감사하게도 신문과 방송이 이런 일들을 우리에게 전해준다. 이것도 역사다. 책을 통해 배우는 역사가 지난 역사라면 지금 우리 곁에서 일어나는 일은 현재 진행 중인 역사다. 우리 곁에서 일어나는 일들 안에는 우리가 배워야 할 것들이 들어 있다.

여호와를 경외하는 우리를
세상은 긍정적이라고 한다

긍정적인 삶, 긍정적인 생각, 긍정적인 신앙생활, 긍정적인 사고, 긍정적인 대답, 긍정적인 전망, 긍정적인 마음, 긍정적인 자세, 긍정적인 자아상, 긍정적 인생, 긍정적인 사람……. 긍정적이라는 형용사 뒤에 참 많은 명사가 따라 붙는다. '긍정' 또는 '긍정적'은 많은 사람들의 관심 대상이다.

그리스도인들에게도 긍정적이라는 말이 아주 자연스럽다. 교인들 대화 속에도 이 표현이 등장한다. 어떤 그리스도인의 목표는 긍정적인 사람이 되는 것이다.

그런데 놀랍게도 성경에는 '긍정' 또는 '긍정적'이라는 표현이 없다. 이 단어에 해당하는 영어 단어인 'positive'를 가지고 영어성경에서 찾아봐도 없기는 마찬가지다. 어떤 사람들이 기독교의 중요한 가치 중 하나라고 생각하는 '긍정'이라는 단어가 성경에 없다는 사실에 적지 않게 놀라는 이들이 있을 수 있다. 성경에 한 번도 사용되지 않은 '긍정' 혹은 '긍정적'이라는 단어가 그리스도인들의 중요한 가치 중 하나 같이, 나아가 그리스도인의 목표 같이 된 것은 어찌된 일일까?

이것은 신앙적이라고 해야 할 것을 긍정적이라고 표현한데서 생긴 오해이기도 하다. 신앙생활을 하는 사람을 신앙이 없는 사람이 보면 긍정적으로 보인다. 신앙의 세계를 이해하지 못하다 보니 그는 자신이 아는 말로 신앙생활을 하는 사람을 긍정적인 사람이라고 한다. 신앙이 없는 사람 입장에서 신앙생활 하는 사람을 좋게 보고 좋게 한 말이다. 그러나 신앙적인 것과 긍정적인 것은 얼핏 보면 같아 보여도 확연한 차이가 있다.

신앙적인 것과 긍정적인 것의 차이는 무엇인가?

믿음의 대상이 다르다. 신앙인에게는 분명한 믿음의 대상이 있다. 그 대상은 하나님이다. 그들은 하나님을 믿고, 하나님의 말씀을 믿고, 하나님의 능력을 믿는다. 반면 긍정적인 사람들은 표면적으로 믿음의 대상이 없다고 말한다. 자신은 아무것도 믿지 않는다고 말한다. 그러나 그들에게도 믿음의 대상은 있다. 그들 자신도 모르는 믿음의 대상이 있다. 그 대상은 다름 아닌 바로 자기 자신이다. 긍정적으로 사는 사람들은 자기 자신을 믿고, 자기 자신의 능력을 믿고, 자기 자신의 말을 믿는다.

"나는 다 할 수 있다.

I can do everything."

이것은 긍정적인 생각이다.

"내게 능력 주시는 자 안에서 내가 모든 것을 할 수 있다.

I can do everything through him who gives me strength."

이것은 신앙적인 생각이다.

긍정적인 것과 신앙적인 것이 비슷한 말 같아도 이렇게 확연한 차이가 있다. 긍정에는 하나님이 없고 신앙에는 하나님이 있다. 긍정은 자신을 믿는 것이고 신앙은 하나님을 믿는 것이다.

성경은 우리에게 하나님을 믿으라고, 믿음으로 살라고, 믿음의 사람이 되라고 가르친다. 우리의 신앙 선배들은 이렇게 고백했다.

"오직 나와 내 집은 여호와를 섬기겠노라." 수 24:15

"오직 의인은 믿음으로 말미암아 살리라." 롬 1:17

믿음으로 사는 우리 믿음의 대상은 하나님이다. 나 자신의 능력을 믿는 것이 아니라 전능하신 하나님을 믿는 것이다. 하나님은 우리가 믿음으로 살기를 원하신다. 생각을 할 때도 말을 할 때도 행동을 할 때도 장래를 계획할 때도 죽을 때도 모든 것을 믿음으로 하기를 원하신다.

믿음으로 생각하라는 것은 예수님을 넣고 생각하는 것이다. 믿음으로 말하는 것은 하나님을 믿고 말하는 것이다. 믿음으로 행하는 것은 하나님을 믿고 행하는 것이다. 상 주시는 하나님을 믿고 행하는 것이 믿음이다. 악한 자를 보수하시는 하나님을 믿고 행하는 것이 믿음으로 행하는 것이다. 하나님의 약속을 믿고 행하는 것이 믿음으로 행하는 것이다.

예수님을 믿고 사는 사람은 범사에 믿음으로 생각한다. 그러다 보니 결과는 항상 기뻐하는 것과 범사에 감사하는 것으로 나타난다. 다른 사람이 생각할 때는 이제는 끝이라고 생각하는 상황 속에서도 그는 소망을 갖는다. 땅을 치며 통곡하며 울 상황에서도 웃을 수 있다. 이것을 옆에서 본 그리스도인은 이것이 믿음의 힘인 것을 안다. 예수님을 믿기 때문에 이런 결과가 나타난 것을 안다. 그는 이렇게 표현한다.

"참 신앙 좋으십니다."

그러나 이것을 믿음이 없는 사람이 본 경우에는 표현이 달라진다. 믿음이 없는 사람은 믿음으로 사는 사람의 신앙생활을 모른다. 믿음은 세상이 알 수 없는 비밀이다. 그는 믿음으로 사는 사람들의 신앙을 이해하지 못하기 때문에 그가 아는 단어로 이것을 표현한다.

"참 긍정적이십니다."

믿음으로 산 결과를 보고 예수 믿지 않는 사람이 할 수 있는 최고의 칭찬은 "저 사람은 참 긍정적이다"이다. 우리가 믿음으로 살면 우리 주변에 있는 예수 믿지 않는 사람들이 우리를 긍정적이라고 할 것이다. 이 말을 신앙언어로 번역하면 "당신은 믿음으로 사는 사람이다"가 된다. 감사한 마음으로 이 말을 받아들이면 된다. 굳이 그들을 향해 나는 긍정적인 사람이 아니라 믿음의 사람이라고 설명할 필요는 없다. 예수 잘 믿고 있다고, 신앙생활 잘하고 있다고 예수 믿지 않는 사람에게 칭찬 받은 것으로 받아들이면 된다. 또한 이런 기회를 타서 전도를 하기 위해, "제가 긍정적일 수 있는 이유를 좀 설명 드려도 될까요?" 하고 말문을 여는 것이 지혜다.

우리는 세상이 알아들을 수 있는 말로 우리의 믿음을 그들에게 설명하기 위해 '긍정' 혹은 '긍정적'이란 표현을 사용할 수 있다. 예수 그리스도를 믿는 복된 삶을 세상에 전하기 위한 접촉점으로 세상이 알고 있고, 세상이 관심을 갖고 있는 '긍정' 혹은 '긍정적'이란 표현을 사용할 필요도 있다. 복음 전파를 위한 접촉점으로 '긍정' 혹은 '긍정적'이라는 표현을 사용하는 것은 이해하고 용납해 줄 필요가 있다.

그러나 교회에서 성도들을 대상으로 설교를 하거나 성경공부를 가르치면서 "긍정적인 사람이 되라, 긍정적인 삶을 살라"고 한다면 이것은 곤란하다. 이때는 오히려 "믿음의 사람이 되라. 오직 믿음으로 살라"고 분명하게 전해 주어야 한다. 만약 그리스도인이 하나님 없이, 믿음 없이도 긍정적인 삶이 가능하다는 전제 아래 긍정 자체에 어떤 힘이 있는 것처럼 생각하고 이것을 가르치고 있다면 이것은 위험한 일이다.

그리고 신앙생활은 모든 것을 전부 긍정적으로 생각하고 긍정적으로 말하고 긍정적으로 행하는 것이 아니라는 사실을 기억해야 한다. 긍정은 '예스' 하는 것이다. 어떤 상황, 어떤 형편에서도 '예스' 하는 것이다. 그러나 믿음은 그렇지 않다. 믿음은 하나님이 아니라고 하면 '노우'라고 말하는 것이다. 믿음은 때로 모든 사람이 '예스' 할 때 '노우'라고 말하는 것이다.

이로 인해 믿음으로 사는 우리의 모습이 때로 독선적으로 보일 수도 있다. 예수 외에는 구원이 없다고 말할 때 세상은 우리를 편협하다고 하지 긍정적이라고 하지 않는다. 불의에 동참하지 않기 위해 '노우'라고 선언하는 우리의 모습이 오히려 부정적으로 보일 수도 있다. 그럼에도 신앙생활을 하는 우리는 때로 믿음으로 '노우' 해야 한다.

한편 세상이 긍정적인 것에 관심이 많은 것은 우리 그리스도인들에게는 반가운 소식이다. 왜냐하면 복음을 전하기에 매우 좋은 토양이 되기 때문이다. 긍정에 관심이 있는 사람들은 긍정적으로 살기 위해 여러 가지 노력을 한다. 관련된 책도 많이 나와 있다. 아침마다 일어나 자기에게 오늘도 긍정적으로 살라고 말하는 사람도 있다. 자기 자신을 향해 최면을 걸듯이 긍정적이어야 한다고 자기 암시를 하는 사람도 있다. 아마 여러 가지 방법으로 긍정적으로 사는 시도들을 해 볼 것이다. 그러다 결국은 이것이 되지 않는 것을 깨닫게 될 것이다. 잠시 동안은 되는 것 같지만 이내 무너지는 것을 경험하게 될 것이다.

왜냐하면 하나님 없이 그들이 원하는 긍정적인 사람이 되는 것은 미안하지만 불가능하기 때문이다. 긍정적이 되기 위해서는 두려워하지 말아야 하고 미워하지 말아야 하고 낙심하지 말아야 한다. 분노와 근심과 원망을 멀리해야 한다. 그래야 그는 사람들이 말하는 긍정적인 사람이 될 수 있다. 그런데 이것이 예수 없이 가능한 일인가. 이것은 하나님을 믿어야 가능한 일들이다. 두려움에서 벗어나기 위해서도 미워하지 않기 위해서도 낙심하지 않기 위해서도 분노하지 않기 위해서도 근심하지 않기 위해서도 예수가 필요하다.

더 많은 사람들이 긍정에 관심을 가졌으면 좋겠다. 특별히 예수 믿지 않는 사람들이 긍정에 더 많은 관심을 가졌으면 좋겠다. 더 많은 사람들이 긍정적인 삶을 살겠다고 다짐하고 결심했으면 좋겠다. 그러나 그들은 결국 그것이 불가능하다는 것을 알게 될 것이다. 그들이 스스로 긍정적인 삶을 살 수 없다고 느끼고 좌절할 때, 이때는 복음을 전할 기회다. 그들이 살고 싶었으나 살지 못하는 그 삶을 살 수 있도록 해 주시는 예수님, 두려워하지 않고 미워하지 않고 원망하지 않고 낙심하지 않고 살 수 있게 해 주시는 예수님을 전할 절호의 기회다.

기억해야 한다. 신앙생활을 하는 우리의 목표는 믿음으로 사는 것이다. 혹여라도 긍정적으로 사는 것을 인생의 목표로 정했다면 믿음으로 사는 것으로 바꿔야 한다. 표현도 바꾸고 내용도 바꿔야 한다. 선포해야 한다.

"오직 나와 내 집은 믿음으로 살리라."

8장
나는 순종하는 사람이다

일의 결국을 다 들었으니
하나님을 경외하고 그의 명령들을 지킬지어다.
이것이 모든 사람의 본분이니라. 전 12:13

사람의 본분 II
하나님의 명령에 순종

　　사람의 본분은 하나님의 명령을 지키는 것이다. 어떻게 보면 이것이 무거운 짐과 같이 느껴질 수 있지만 이것은 인생의 날개다. 행복으로 가는 길이다. 하나님의 명령은 우리의 행복을 위해 하나님이 주신 귀한 선물이다. 이제 어떻게 하면 하나님의 명령을 잘 지킬 수 있는지 그 팁 몇 가지를 함께 나누려고 한다.

하나님의 명령이
들려야 지킨다

하나님의 명령을 지키기 위해서는 먼저 하나님의 명령을 들어야 한다. 모세는 그의 나이 120세가 되었을 때, 요단강 동편에서 이스라엘 백성들을 모아 놓고 마지막 설교를 했다. 그 설교 중에 핵심은 "말씀을 들으라. 말씀을 듣고 준행하라"는 것이다.

"이스라엘아! 이제 내가 너희에게 가르치는 규례와 법도를 듣고 준행하라. 그리하면 너희가 살 것이요. 너희 조상의 하나님 여호와께서 너희에게 주시는 땅에 들어가서 그것을 얻게 되리라."신 4:1

준행하기 위해서는 먼저 들어야 한다. 들려야 한다. 성경에 "귀 있는 자는 들을지어다" 또는 "귀 있는 자는 들으라"는 표현이 여러 차례 나온다. 하나님의 말씀을 들을 귀가 있는 자가 있고 없는 자가 있다. 귀가 있다고 다 하나님의 말씀을 듣는 것은 아니다. 우리가 앞에서 살펴본 대로 눈이 있다고 다 보는 것이 아닌 것처럼 귀가 있다고 다 듣는 것은 아니다. 우리 안에 생명이 회복될 때 영적 눈이 열리고 귀가 열린다.

성령이 눈을 열어 주시고 귀를 열어 주신다. 성령이 귀를 열어 주셔야 하나님의 말씀이 들린다. 이것도 우리가 성령 받기를 위해 기도해야할 이유 중에 하나다.

성경을 통해 하나님의 음성을 듣는 것이
하나님의 음성을 가장 안전하게 듣는 방법이다

성경을 통해 하나님의 음성을 듣는 것이 가장 안전하고 확실한 방법이다. 하나님의 말씀을 글로 적어 주신 것이 얼마나 큰 은혜인지 모른다. 우리는 날마다 이 은혜에 감격하며 하나님의 말씀을 통해 하나님의 음성을 들어야 한다. 하나님은 오늘도 여전히 성경을 통해 그의 백성들을 향해 말씀하고 계시다.

마음을 통해 하나님의 음성을 들을 때는
성령의 조명을 받아야 한다

우리는 마음의 감동을 통해 하나님의 음성을 들을 수 있다. 물론 이것이 하나님의 계시를 받는 것을 의미하는 것은 아니다. 이것의 의미를 좀더 정확하게 표현하면, 성령의 조명으로 우리는 우리 마음에 하나님이 담아주신 하나님의 뜻을 깨달을 수 있다는 것이다. 이것을 우리는 "우리 마음을 통해 하나님이 우리에게 말씀하신다"고 표현하기도 한다. 마음을 통해 하나님의 음성을 듣는 예를 한 가지를 소개한다.

하나님은 우리의 마음에 하나님이 원하시는 것을 넣어주신다. 하나님의 뜻을 넣어주신다. 그러면 우리 마음에서 그것이 생각나고 그것이 하고 싶어진다. 그것을 소망하게 된다. 우리 안에 그것을 하고 싶은 소원이 생긴다. 그것을 하고 나면 기쁘다. 이것이 마음을 통해 하나님의 음성을 듣고 행한 사람의 행복이다.

바울은 빌립보서를 통해 '하나님의 일하심'에 대해 설명하면서 우리 안에서 소원이 생성되는 과정을 일러 주었다.

"너희 안에서 행하시는 이는 하나님이시니 자기의 기쁘신 뜻을 위하여 너희에게 소원을 두고 행하게 하시나니" 빌 2:13

소원이 그냥 생기는 것이 아니다. 하나님께서 자기의 기쁘신 뜻을 위하여 우리 안에 넣어 주신 것이 우리 안에서 소원이 된다. 하나님의 뜻을 알기 위해서는 자신의 마음을 주의 깊게 살피는 것도 필요하다. 마음에 하나님의 뜻이 담기기 때문이다. 이것이 하나님의 음성을 듣기 위해서 우리 안에 있는 소원을 주목해야 하는 이유다.

마음으로 들은 하나님의 음성은
성경으로 점검해야 한다

　　　우리 마음에 하나님의 뜻만 담긴다면 우리는 무조건 우리 마음대로 하면 된다. 그러나 우리 마음에 자신의 뜻을 넣어주는 또 한 존재가 있다. 그것은 사탄이다. 사탄도 우리 마음에 자신의 뜻을 넣고 있다. 그렇기 때문에 분별이 필요하다. 지혜가 필요하다. 이것이 하나님의 뜻인지 아니면 사탄의 뜻인지를 잘 분별해야 한다. 그래서 성경은 "하나님의 선하시고 기뻐하시고 온전하신 뜻이 무엇인지 분별하라"고 한 것이다. 하나님의 뜻도 사탄의 뜻도 내 안에서는 '내 뜻, 내 생각'이라는 옷을 입고 있기 때문에 분별이 쉽지 않다. 영적인 분별력이 흐려졌을 때 나타나는 현상이긴 하지만 하나님의 뜻과 사탄의 뜻이 혼동될 때도 있다. 그래서 성경은 우리를 향해 "성령을 받으라"고 하는 것이다. 성령을 받아야 할 이유가 여러 가지지만 그 중에 하나는 우리 마음의 생각 중에서 하나님의 뜻을 분별하기 위함이다.

　또한 우리는 마음의 편함과 불편함을 통해 하나님의 뜻을 알 수 있다. 하나님의 뜻은 평안과 짝을 이룬다. 하나님의 뜻을 따르면 마음이 편안하다. 그러나 하나님의 뜻을 거스르면 마음이 불편하다. 사랑하면 마음이 편하다. 미워하면 마음이 불편하다. 사랑하는 것은 하나님의 뜻이고 미워하는 것은 사탄의 뜻이기 때문이다. 마음이 불편할 때는 '혹시 내가 하나님의 뜻을 거절하거나 거스르고 있는 것은 아닌지' 점검해 보아야 한다. 이것도 하나님의 뜻을 아는 좋은 방법이다.

마음의 생각을 성경으로 점검하는 것, 이것이 우리 마음에서 하나님의 뜻을 찾아내기 위해 해야 할 첫 번째 작업이다. 예를 들어 '누구에게 전화를 하고 싶은 생각이 났다'고 하자. 제일 처음 해야 할 일은 그 생각을 성경으로 점검하는 것이다. 성경을 가지고 점검하는 가운데 하나님의 뜻이 아니라고 확실하게 판단되면 그것은 사탄이 넣어 준 뜻일 확률이 높다. 행여 결혼해서 살고 있는데 갑자기 옛 애인에게 전화를 하고 싶은 생각이 났다면, 이것을 성경에 비추어 보라. 그러면 그 생각이 어디서부터 왔는지 알 수 있다.

그런데 옛 애인이 아닌 친구나 직장 동료나 교우에게 전화하고 싶은 마음이 들었다면 상황은 달라진다. 성경으로 점검해 봐도 그 생각의 원천이 사탄은 아니다. 그렇다면 이것은 '내 뜻'이거나 '하나님의 뜻' 중 하나다. 이런 경우 마음으로 하나님께 이것이 하나님이 주신 생각인지 여쭙는 것이 필요하다. 때로는 하나님이 '그래, 이건 내가 네게 준 생각'이라고 다양한 방법으로 확인을 해 주시기도 하지만 잘 모를 때도 있다. 이런 일일 때는 그냥 전화하는 것도 괜찮다. 혹시 전화를 하고 싶은 것이 내 마음이라고 해도 문제가 되지 않는다. 전화를 해서 통화하다 보면 전화를 하고 싶은 마음이 든 것이 하나님이 주신 마음이었는지 내 마음이었는지 조금씩 선명해진다.

그러나 전화를 하는 정도가 아니라 어떤 중요한 결정을 해야 하는 경우라면 이렇게 할 수는 없다. 하나님께 묻고 하나님의 대답을 기다려야 한다. 마음에 넣고 하나님께 묻고 또 묻는 과정도 거쳐야 한다. 나는 이 과정을 '숙성시킨다'고 표현한다. 숙성시키다 이것이 하나님의 뜻이라는 확신이 들면 그때 시행한다. 물론 혼자 결정해도 되는 경우에 이렇게 한다.

마음으로 들은 하나님의 음성은
의논을 통해 검증해야 한다

공동체에 속한 사람이 마음으로 하나님의 음성을 들었다며 일방적으로 어떤 일들을 강행하는 경우가 있다. 누가 말려도 소용이 없다. 이러면 안 된다. 성경을 통해 우리가 들은 하나님의 음성은 정확무오하다. 그러나 우리의 마음을 통해 들은 하나님의 음성은 틀릴 수 있다. 성경을 통해 듣는 하나님의 말씀은 오류가 없지만 마음을 통해서 들은 하나님의 음성은 오류가 있을 수 있다. 하나님의 음성이 틀리고 하나님의 음성이 오류가 있다는 것이 아니다. 그것을 듣는 우리의 마음이 온전하지 않음으로 그 가운데는 우리의 생각과 뜻이 섞일 수 있다는 의미다. 그래서 마음으로 들은 하나님의 음성은 1차로 성경을 통해 검증해야 하고 2차는 공동체와 의논을 통해 검증해야 한다.

마음으로 들은 하나님의 음성은 공동체와 의논하는 과정을 통해 검증해야 한다. 마음으로 이런 것을 했으면 좋겠다는 생각이 들면, 하나님께 이것이 하나님이 주신 생각인지를 의논 하는 상대의 입을 통해 확정해달라고 기도할 필요가 있다. 이렇게 하고 그것을 의논하면 결과가 아닌 것으로 나타나도 힘들지 않다. 상대가 자신의 의견에 반대했다고 생각하지 않기 때문에 그를 향해 서운한 마음을 갖지 않아도 된다. 아닌 것으로 결론이 난 그것을 하나님의 뜻으로 받아들이면 된다. 둘 중 하나다. 그것이 '지금은 아니다' 는 뜻일 수도 있고 '그것은 아니다' 는 뜻일 수도 있다. 그 여부는 나중에 그것을 다시 의논해 보면 알 수 있다.

하나님을 경외하는 우리는
하나님의 말씀대로 행한다

하나님을 경외하는 것은 곧 하나님의 명령을 지키는 것이다. 신앙생활을 하는 것이다. 하나님을 경외하는 사람은 하나님의 말씀에 귀를 기울이고 하나님의 말씀을 사랑하고 그 말씀대로 행하려고 한다. 하나님을 경외하는 증거를 누군가 요구한다면 하나님의 명령들을 지키려고 하는 우리의 마음을 내어놓으면 된다. 때로 우리는 연약해서 그 명령을 지키지 못할 때가 있지만, 그래도 우리는 다시 일어나서 말씀대로 행하려고 한다. 이것이 사람의 본분이기 때문이다.

말씀의 최종 목적지는 머리가 아니라 손과 발이다

하나님은 우리에게 그분의 말씀인 성경을 주셨다. 씨를 주셨다. 성경을 주신 목적은 예수님을 믿고 성경대로 생활하라고 주신 것이다. 우리가 성경공부를 하고 설교를 듣는 목적도 생활하기 위함이다. 성경은 읽어야 한다. 성경은 연구해야 한다. 성경은 공부해야 한다. 성경은 암송해야 한다. 그러나 이 자체가 목적이 아니다. 거기서 그쳐서는 안 된다. 우리가 성경을 읽고 듣고 배우고 암송하고 연구하는 목적은 성경대로 살기 위함이다. 신앙생활을 하기 위함이다.

이것은 예수님이 가르쳐 주신 씨 뿌리는 비유 속에서도 잘 나타나 있다. 씨 뿌리는 비유에는 씨가 등장하고 밭이 등장한다. 씨를 뿌리는 사람이 씨를 뿌렸다. 씨가 길 가에, 흙이 얕은 돌밭에, 가시떨기에 떨어지기도 하고 좋은 밭에 떨어지기도 했다. 길 가, 돌밭, 가시떨기에 떨어진 씨는 열매를 맺지 못했다. 좋은 밭에 떨어진 씨만 30배, 60배, 100배의 결실을 맺었다.

예수님은 이 비유를 해석해 주시면서 씨를 뿌리는 것은 말씀을 뿌리는 것이라고 가르쳐 주셨다. 말씀이 씨가 되어 자라면 결실한다. 열매를 맺는다. 이 비유에서 네 종류의 밭에 뿌려진 씨는 같았다. 같은 말씀이 뿌려졌다. 그러나 어떤 밭에서는 열매가 맺혔고, 어떤 밭에서는 열매가 맺히지 않았다. 결실 여부는 밭의 차이였다.

예수님은 이 비유를 말씀하신 후에 제자들에게 이렇게 물으셨다.

"사람이 등불을 가져오는 것은 말 아래에나 평상 아래에 두려 함이냐, 등경 위에 두려 함이 아니냐?" 막 4:21

이 질문에 대한 제자들의 대답은 성경에 기록되어 있지 않다. 너무 당연하기 때문이다. 사람이 등불을 가져오는 목적은 등경 위에 두어 어둠을 밝히기 위함이다. 예수님은 등경 위에 두려 함이 아니냐고 반문하시면서 계속 말씀하셨다.

"드러내려 하지 않고는 숨긴 것이 없고 나타내려 하지 않고는 감추인 것이 없느니라." 막 4:22

갑자기 씨 뿌리는 비유를 설명하다가 등불을 언급하고 이어서 알 듯 모를 듯 한 말씀을 하셔서 제자들이 당황했을지 모른다. 이 질문 속에 담긴 주님의 뜻을 정리하면 이렇다.

"씨를 뿌리는 것이 씨를 땅에 숨기기 위함이냐. 씨를 땅에 보관하기 위함이냐. 씨를 뿌리는 목적은 열매를 맺기 위함이다. 등불을 가져오는 목적이 그것을 등경 위에 올려 빛을 비추기 위함인 것처럼 씨를 뿌리는 목적은 열매를 맺게 하는 것이다. 씨를 뿌린 목적이 씨를 땅 속에 감추는 것이 아니다. 씨를 뿌린 목적은 드러내려 함이고, 나타내려 함이다."

예수님도 승천하면서 제자들에게 "내가 너희에게 분부한 모든 것을 가르쳐 지키게 하라"고 명하셨다. 가르침의 목적은 지키게 하는 것이다.

하나님의 말씀은 귀를 통해 머리로 들어간다. 귀로 들어간 말씀의 최종 목적지는 우리의 머리가 아니다. 우리의 손과 발이다. 머리로 들어간 하나님의 말씀이 손과 발로 가는 데 시차가 있다. 그 시차는 사람마다 다르다. 어떤 사람은 하나님의 말씀이 머리에서 손과 발로 가는 데 10년이 걸리고 20년이 걸린다. 안타깝게도 어떤 사람의 경우는 평생이 걸리기도 한다. 어떤 사람은 불과 하루, 혹은 불과 몇 분이 걸리는 사람도 있다. 머리에서 손과 발까지 말씀이 가는 데 걸리는 시간이 짧은 사람을 우리는 "믿음이 좋다, 신앙이 좋다, 믿음이 견고하다, 믿음 위에 굳게 서 있다, 신앙생활 잘한다"고 칭찬한다. 간혹 머릿속에 담긴, 머릿속에 머물고 있는 말씀의 양을 기준으로 그 양이 많은 사람을 믿음이 좋은 것으로 오해를 하는 경우도 있다.

신앙은
생활이다

　　　　신앙은 관념이 아니다. 신앙은 생활이다. 신앙생활이 도를 닦는 것이 아닌 이유는 진리를 깨닫기 위해 고민할 필요가 없기 때문이다. 예수님은 하나님의 비밀이다. 예수님은 진리다. 공개된 비밀이다. 이 비밀이 예수님을 믿는 사람들에게는 다 공개되어 있다. 그저 성경을 펼치기만 해도 진리가 보인다.

　홍해 앞에서 하나님은 모세에게 지팡이를 들고 손을 바다 위로 내밀어 그것으로 갈라지게 하라고 명하셨다. 이 말씀이 모세의 귀를 통해 머리로 들어갔다. 그러나 이 말씀이 모세의 머리에 있는 동안에 홍해에서는 아무 일도 일어나지 않았다. 이 말씀이 그의 손끝으로 갔을 때 홍해가 갈라졌다.

　나병을 앓고 있던 나아만 장군이 엘리사에게서 요단강에 가서 일곱 번 씻으라는 말씀을 들었다. 그 말이 나아만 장군의 머리에 있을 때 그의 몸에서는 아무런 변화도 나타나지 않았다. 선지자를 통해 하나님이 주신 말씀이 그의 손끝으로, 발끝으로 갔을 때 그는 나병을 치료받는 기적을 체험했다.

　성경에 기록된 역사들 대부분이 이렇다. 하나님의 말씀이 머리에서 손끝, 발끝으로 갔을 때 역사는 나타났다. 그래서 하나님은 우리에게 교훈을 받은 대로 행하라 하시는 것이다. 예수님은 내가 너희에게 분부한 모든 것을 가르쳐 지키게 하라고 하신 것이다. 우리 머리에 있는 말씀을 손과 발로 보내라는 것이다.

　말씀이 우리 머리에 저장되어 있다고 해서 심령으로 낙을 누리는 것이 아니다. 말씀이 머리에 머물 때는 진정한 말씀의 맛을 모른다. 능력도 체험하지 못한다. 머리에 있는 말씀이 손과 발로 갈 때 비로소 우리는 천국을 이 땅에서 미리 경험하게 된다. 이것을 맛보게 되면 신이 나서 머리에서 손과 발로 말씀을 부지런히 보낸다.

　"주라. 그리하면 너희에게 줄 것이니 곧 후히 되어 누르고 흔들어 넘치도록 하여 너희에게 안겨 주리라."눅 6:38

　이 말씀을 손과 발로 보내 보면 느낌이 온다.

　"아, 말씀의 맛이 이런 것이구나."

　성경 속에 있는 하나님의 말씀을 우리 머리에 부지런히 담아야 한다. 그리고 머리에 있는 말씀을 부지런히 손과 발로 보내야 한다. 소망하기는, 동시에 이 일이 일어났으면 좋겠다. 하나님의 말씀이 우리 머리로 들어오는 동시에 그 말씀이 우리의 손과 발로 갔으면 좋겠다. 머리에서 손끝으로, 발끝으로 가는 고속도로를 내고 전용도로를 낼 필요가 있다. 머리에서 손과 발까지 파이프를 가설하는 것도 좋은 아이디어다. 그러면 홍해가 갈라지고 요단강이 갈라지는 것을 삶 가운데서 눈으로 보게 될 것이다.

말씀에 순종하면
큰 산이 평지가 된다

하나님이 아브라함에게 "너는 너의 고향과 친척과 아버지의 집을 떠나 내가 네게 보여 줄 땅으로 가라"고 명하셨다. 이 명령에 아브라함이 보인 반응을 성경은 이렇게 기록하고 있다.

"이에 아브람이 여호와의 말씀을 따라갔고 롯도 그와 함께 갔으며 아브람이 하란을 떠날 때에 칠십오 세였더라." 창 12:4

여기서 우리가 주목해야 할 것은 '여호와의 말씀을 따라갔고' 이다. 하나님은 아브라함에게 말씀을 하셨다. 아브라함은 그 말씀을 따라갔다. 이것이 하나님이 인도하시는 방법이고 하나님의 인도를 받는 방법이다. 하나님은 아브라함만 이렇게 인도하신 것이 아니다. 성경에 나오는 하나님의 사람들을 주목해서 살펴보면 하나님이 그의 백성들을 인도하실 때는 늘 이렇게 하셨다. 하나님은 그의 백성을 어떤 곳으로 인도하려고 하실 때 항상 먼저 말씀을 하셨다.

"큰 산아, 네가 무엇이냐?
네가 스룹바벨 앞에서 평지가 되리라." 슥 4:7

이 말씀은 바벨론에서 포로생활을 하고 있는 이스라엘 백성들에게 하나님이 하신 말씀이다. 이 말씀은 예언이다. 앞으로 될 일이다. 성전 복원을 앞둔 이스라엘 앞에 큰 산이 놓여 있었다. 하나님은 이 큰 산이 평지가 될 것이라고 말씀하셨다. 스가랴는 이 말씀을 믿었다.

이 말씀을 좇아갔다. 힘으로 되지 아니하며 능으로 되지 아니하고 오직 하나님으로 될 것을 믿었다. 그랬기에 그는 갈 수 있었다.

우리도 살다보면 개인적으로나 가정적으로 교회적으로 또는 국가적으로 여러 가지 장애를 만날 때가 있다. 큰 산을 만날 수 있다. 도무지 넘을 수 없는 큰 산 앞에서 좌절하고 절망하기 쉽다. 그럴 때 이 말씀이 얼마나 힘이 되는지 모른다.

큰 산이 큰 장애물임에는 틀림이 없다. 그러나 그 산이 평지가 되면 평지는 몇 배로 늘어난다. 큰 산의 봉우리를 깎은 것으로 골짜기를 메우면 큰 산이 없어진 그 자리도 평지가 되고 골짜기도 평지가 되기 때문이다. 나는 개인적으로 장애물을 만나면, 큰 산을 만나면 이 말씀을 묵상한다. 이 말씀을 소리 높여 외친다.

"큰 산아, 네가 무엇이냐? 네가 스룹바벨 앞에서 평지가 되리라."

이 말씀을 앞세우고 얻은 평지가 있다. 이 말씀을 통해 극복한 장애가 훈장처럼 가슴에 새겨져 있다.

하나님의 말씀을 믿고 하나님의 말씀을 따라가면 좋은 곳이 나온다. 푸른 풀밭이 나오고 쉴 만한 물가가 나온다. 잠시 멈추어 서서 시편 23편을 암송하는 것도 좋을 것 같다. 가능한 사람은 노래로 불러봐도 좋을 것이다.

하나님의 말씀을 따라가는 길이 옳은 길이다. 어떤 일 앞에서 때로 우리는 이 방법 저 방법을 놓고 고민하지만 가장 좋은 길은 하나님의 말씀대로 하는 것이다. 말씀을 따라가는 그 길이 항상 옳은 길이다. 좋은 길이다.

신앙생활의 꽃은 순종이다. 신앙생활의 백미는 순종이다. 하나님의 말씀에 '예' 하는 것이다. 하나님의 말씀에 '예' 하면 하나님이 다 하신다. 이스라엘 백성들을 애굽에서 인도하여 낸 모세가 한 일이 무엇인가? 그가 한 일은 다만 하나님의 말씀에 '예' 한 것 밖에 없다. 홍해를 가른 일도 반석에서 물을 낸 일도 다 하나님의 말씀에 '예' 할 때 하나님이 하신 일이다. 이 순종의 비밀을 알면 신앙생활이 맛있어진다.

나에게 세 자녀가 있다. 나에게 하나님이 맡기신 성도들이 있다. 자녀들에게, 성도들에게 물려주고 싶은 것이 많다. 그중에 하나, 소중한 하나가 순종이다. 순종이 외면당하는 세상에서 난 여전히 순종을 외치고 있다. 오늘도 순종하는 자를 찾고 계시는 하나님, 순종하는 자에게 하늘과 땅의 온갖 좋은 것들을 다 주고 싶어 하시는 하나님이 온 몸으로 느껴지기 때문이다.

하나님은 순종하는 사람을 위해
좋은 것을 많이 준비해 놓으셨다

성경에 하나님이 순종하는 자를 위해 준비한 보물 목록이 있다. 순종하면 이 좋은 것을 다 받아 누린다. 신명기 28장 1절부터

14절로 순종하는 당신을 축복하고 싶다.

"네가 네 하나님 여호와의 말씀을 삼가 듣고 내가 오늘 네게 명령하는 그의 모든 명령을 지켜 행하면 네 하나님 여호와께서 너를 세계 모든 민족 위에 뛰어나게 하실 것이라."

앞부분은 조건이고 뒷부분은 결과다. 하나님의 말씀에 순종하는 당신을 하나님이 세계 모든 민족 위에 뛰어나게 하실 것이다. 순종은 당신이 할 일이고 당신을 세계 모든 민족 위에 뛰어나게 하는 일은 하나님의 몫이다. 이것을 명심해야 한다. 바꾸면 안 된다. 순종은 하나님 보고 하시라고 하고, 모든 민족 위에 뛰어나기 위해 스스로 뛰어다녀서는 안 된다. 안타깝게도 오늘 스스로 세계 모든 민족 위에 뛰어나기 위해 뛰는 사람들이 너무 많다. 심지어 이것을 위해 하나님의 말씀과 반대로 하는 경우도 있다. 그것은 아니다. 당신이 할 일은 당신이 하고 하나님이 하실 일은 하나님이 하시도록 해야 한다. 하나님의 말씀에 순종하는 것이 쉬운가, 아니면 세계 모든 민족 위에 뛰어나게 되는 것이 쉬운가. 순종하는 것이 쉽다. 훨씬 쉽다.

"네가 네 하나님 여호와의 말씀을 청종하면 이 모든 복이 네게 임하며 네게 이르리니 성읍에서도 복을 받고 들에서도 복을 받을 것이며 네 몸의 자녀와 네 토지의 소산과 네 짐승의 새끼와 소와 양의 새끼가 복을 받을 것이며 네 광주리와 떡 반죽 그릇이 복을 받을 것이며 네가 들어와도 복을 받고 나가도 복을 받을 것이니라."

이것이 순종하는 당신과 내가 받을 복이다. 순종하는 당신 삶의 전 영역에 하나님이 복을 주신다.

"여호와께서 너를 대적하기 위해 일어난 적군들을 네 앞에서 패하게 하시리라. 그들이 한 길로 너를 치러 들어왔으나 네 앞에서 일곱 길로 도망하리라."

하나님이 순종하는 당신의 인생에 보호막을 쳐주신다. 순종자인 당신은 안전할 것이고 승리할 것이다.

"여호와께서 명령하사 네 창고와 네 손으로 하는 모든 일에 복을 내리시고 네 하나님 여호와께서 네게 주시는 땅에서 네게 복을 주실 것이며 여호와께서 네게 맹세하신 대로 너를 세워 자기의 성민이 되게 하시리니 여호와의 이름이 너를 위하여 불리는 것을 보고 이는 네가 네 하나님 여호와의 명령을 지켜 그 길로 행할 것임이니라. 땅의 모든 백성이 너를 두려워하리라."

순종하는 당신의 손으로 하는 모든 일에 하나님이 복을 내려 주신다.

"여호와께서 네게 주리라고 네 조상에게 맹세하신 땅에서 네게 복을 주시 네 몸의 소생과 가축의 새끼와 토지의 소산을 많게 하시며 여호와께서 너를 위하여 하늘의 아름다운 보고를 여시사 네 땅에 때를 따라 비를 내리시고 네 손으로 하는 모든 일에 복을 주시리니 네가 많은 민족에게 꾸어 줄지라도 너는 꾸지 아니할 것이요. 여호와께서 너를 머리가 되고 꼬리가 되지 않게 하시며 위에만 있고 아래에 있지 않게 하시리니 오직 너는 내가 오늘 네게 명령하는 네 하나님 여호와의 명령을 듣고 지켜 행하며 내가 오늘 너희에게 명령하는 그 말씀을 떠나 좌로나 우로나 치우치지 아니하고 다른 신을 따라 섬기지 아니하면 이와 같으리라."

하나님은 순종하는 당신을 위해 하늘의 보물 창고를 여신다. 때를 따라 비를 내리시고 당신의 손으로 하는 모든 일에 복을 주어 꾸어줄지라도 꾸지 않게 하신다.

누구에게 순종해야 하는가

하나님께 순종해야 한다. 하나님의 말씀에 순종해야 한다. 하나님이 당신의 결정권자로 세우신 이들에게 순종해야 한다. 만약 당신이 아직 미혼이라면, 결혼을 해서 당신이 한 가정의 결정권자가 되기 전까지는 부모의 결정에 순종해야 한다. 하나님이 아내의 결정권자로 남편을 세우셨다. 만약 당신이 아내라면, 당신은 남편에게 순종해야 한다. 직장에서는 상사에게 순종해야 한다. 국가에서는 통치자에게 순종해야 한다. 학생은 교사에게 순종해야 한다. 하나님이 당신의 결정권자로 세운 이들에게 순종해야 한다. 이것은 곧 그를 세우신 하나님께 순종하는 것이다.

무조건
순종해야 하는가

그것은 아니다. 결정권자의 말이 하나님의 말씀과 다르지 않으면 순종해야 한다. 그러나 결정권자의 말이 하나님의 말씀과 다를 때는 더 높은 권위인 하나님께 순종해야 한다. 이렇게 하는 것이 결정권자에게 불순종하는 것 같아 보이지만 실상은 불순종하는 것이 아니라 더 높은 권위에 순종하는 것이다.

예를 들어, 회사에서 과장의 말과 사장의 말이 다를 때는 사장의 말에 순종해야 한다. 이것은 과장의 말에 불순종하는 것이 아니다. 더 높은 권위인 사장에게 순종하는 것이다. 마찬가지로 하나님이 하라고 하신 일을 결정권자가 하지 말라고 한다면 그때는 더 높은 권위인 하나님께 순종해야 한다. 이런 부모야 없겠지만, 만약 어떤 부모가 자녀에게 가서 도둑질을 해 오라고 하면 도둑질하지 말라는, 더 높은 권위인 하나님의 말씀에 순종해야 한다. 상사가 도둑질을 하라고 하면 도둑질하지 말라는, 더 높은 권위인 하나님의 말씀에 순종해야 한다.

이러면 사람에게는 미움을 받고 핍박을 받을 수 있다. 그것을 두려워하거나 피하려고 해서는 안 된다. 만약 이런 상황에 우리가 처한다면 우리는 기쁨으로 핍박받는 쪽을 택해야 한다. 그 핍박은 받으면 복이 된다. 즐거워하면서 받아야 한다.

하나님의 말씀에 순종하는 것, 이것이 신앙생활이다. 순종은 좋은 것이다. 신앙생활하면 잘된다. 순종하면 인생이 풍성해진다. 신앙생활하면 행복하다.

하갈 카드를 버리라

아브라함, 그는 믿음의 조상이다. 이스라엘이 그에게서 시작되었다. 아브라함에게는 자녀가 없었다. 하나님이 자식 없는 아브라함에게 찾아와 "내가 이 땅을 네 자손에게 주리라"고 약속하셨다.

그의 나이 75세쯤 되었을 때 일이다. 아내 사라는 65세였다. 아브라함이 얼마나 신이 났겠는가. 그 약속을 받던 날 밤의 아브라함을 상상해 본다. 아마 날이 어두워지기가 무섭게 아내를 채근해서 불을 끄고 자자고 했을 것 같다. 이 날 이후 아브라함 내외의 주요 일과가 배 바라보기가 아니었을까 싶다. 그런데 몇 달이 지나도 사라의 배가 여전한 것이다. 그럴 때 아랫배라도 나와 주면 오해라도 하겠건만 사라의 배는 여전했다.

그렇게 1년을 보낸 그들의 심정은 착잡했을 것이다.

"뭐야, 자손을 주신다더니…… 어떻게 된 거야?"

그들은 그래도 1년은 더 기다려 봐야 하지 않겠느냐고, 아직 우리에겐 자녀를 낳을 힘이 있지 않느냐고 서로를 격려했는지도 모른다.

그러나 1년이 지나고 2년이 지나도 사라의 배는 여전했다. 그런데 하나님이 또 나타나셔서 약속하셨다.

"내가 네 자손이 땅의 티끌 같게 하리니 사람이 땅의 티끌을 능히 셀 수 있을진대 네 자손도 세리라." 창 13:16

그리고 또 몇 년이 지났다. 사라의 배는 여전했다. 그런 중에 하나님이 다시 찾아오셨다. 아브라함은 하나님께 따지듯이 물었다.

"주 여호와여 무엇을 내게 주시려 하나이까? 나는 자식이 없사오니 나의 상속자는 이 다메섹 사람 엘리에셀이니이다. 주께서 내게 씨를 주지 아니하셨으니 내 집에서 길린 자가 내 상속자가 될 것이니이다." 창 15:2-3

하나님은 아브라함에게 "그 사람이 네 상속자가 아니라 네 몸에서 날 자가 네 상속자가 되리라"고 말씀하시고 그를 데리고 밖으로 나가 하늘을 보여주시면서 "하늘을 우러러 뭇별을 셀 수 있나 보라"고 하시고 그에게 "네 자손이 이와 같으리라"고 말씀하셨다.

아브라함은 하나님을 믿었다. 세월은 흘러 아브라함의 나이 85세가 되었다. 하나님께 아들 약속을 받은 지 10년이 되었다. 그런데도 아무 소식이 없다. 하나님의 약속을 믿고 10년을 기다렸건만 얻은 아들이 없다. 아브라함은 흔들렸다. 그러던 중에 아내가 제의를 했다. 자신의 종인 하갈을 통해 자녀를 낳으라는 것이다. 세상에 이런 제안은 드문 일이다. 일반적으로 여자로서 하기 힘든 제안을 사라는 했

8장 나는 순종하는 사람이다

다. 아브라함은 아내의 요청대로 하갈에게 들어갔다. 이렇게 해서 낳은 아들이 이스마엘이다. 아브라함의 나이 86세 때 일이다. 이렇게 한 아브라함도 하나님 앞에서 할 말은 있다.

"하나님, 저도 믿고 기다릴 만큼 기다렸습니다. 제가 10년을 기다렸습니다."

하나님은 약속하시고 그 약속을 이루신다. 그것을 믿고 기다리는 것이 믿음이다. 그래서 믿음은 기다림이라고 말하는 것이다. 그런데 안타깝게도 아브라함은 하나님의 때까지 기다리지 못하고 카드를 꺼내 들었다.

바로 하갈 카드다. 하갈 카드는 하나님의 약속을 내가 이루는 것이다. 하나님의 약속이 더디 이루어질 때 내가 시행해 버리는 것이다. 하나님이 하신 약속을 자신이 이루어 버리는 것이다.

우리도 하나님의 약속을 받았다. 어쩌면 아브라함보다 훨씬 많은 약속을 받았다. 처음 그 약속을 받았을 때는 금방 그 일이 이루어질 줄 알고 얼마나 설레고 흥분하는지 모른다. 그러나 시간이 지나도 그것이 실현되지 않을 때 답답한 마음이 든다. 조급한 마음이 든다. 그러면 하갈 카드를 꺼내든다. 사라가 했던 말을 패러디하면서 말이다.

"이게 혹시 하나님이 그분의 약속을 이루어 가시는 방법인지 모르잖아."

하갈 카드를 쓰면 당장은 무엇이 이루어진 것 같다. 그러나 하갈 카드로 낳은 아들은 약속받은 아들이 아니다. 그들이 하갈 카드로 낳은 것은 복이 아니라 갈등과 분쟁이었다. 하갈 카드로 태어난 이스마엘과 약속대로 태어난 이삭의 갈등과 분쟁은 수천 년이 지난 지금도 이어지고 있다.

하나님의 약속이 더디 이루어지는 것 같아 힘들 때가 있다. 하지만 하나님은 반드시 그 약속을 이루신다. 내가 원하는 때가 아니라 하나님이 원하시는 때에 하나님은 이루신다. 하갈 카드, 내려놓아야 한다. 하나님의 약속을 믿고 잠잠히 그리고 끝까지 기다려야 한다. 신앙생활은 기다림이다. 하나님의 약속은 반드시 이루어진다. 하나님이 그 약속을 이루신다.

리브가 카드로
인생을 결제하지 말라

창세기에 또 하나의 카드가 나온다. 하갈 카드에 이어 등장하는 또 하나의 카드가 있다. 야곱이 그 어머니 리브가와 함께 발급받은 리브가 카드다. 이삭이 그가 사랑하는 아들 에서를 축복하려 한다는 정보를 알게 된 리브가는 자신이 사랑하는 아들 야곱으로 하여금 눈이 어두운 아버지를 속이고 에서 대신 축복을 받게 했다. 축복을 사모하는 마음은 지극히 정상적인 것이다. 그런데 문제는 그 축복을 받기 위해 거짓 카드를 사용한 것이다.

먼 훗날 야곱은 그의 나이 130세에 애굽으로 내려갔다. 흉년을 피해 식구들을 다 데리고 아들 요셉이 총리로 있는 애굽으로 갔다. 그때 애굽 왕 바로가 그에게 나이를 물었다. 야곱은 자신의 나이를 밝히며 험악한 세월을 보내었다고 덧붙였다. 야곱은 스스로 자신의 인생 130년을 '험악한 세월'이라고 평가했다. 그는 거짓 카드로 아버지의 축복을 받았다. 그렇게 해서 그가 받은 복이 있다. 하지만 그의 인생은 그의 말대로 험악했다.

리브가 카드로 아버지의 축복을 결제한 후에 그는 형의 진노를 피하기 위해 외삼촌 집으로 도망가야 했다. 며칠만 가 있다가 형의 노가 풀리면 돌아오라고 어머니는 이야기 했지만 야곱은 외삼촌 집에서 20년을 보내야 했다. 몇 날이 20년이 된 것이다. 외삼촌 집으로 떠나던 그날이 어머니와도 마지막이 되었다. 야곱은 참 많은 인생의 고초를 겪었다. 외삼촌에게 몇 번이나 속임을 당해야 했다.

고향을 떠난 지 20년, 그 긴 세월 동안 형을 두려워하며 불안한 세월을 보내야 했다. 고향으로 돌아오는 길에 딸이 강간당하는 사건이 일어났다. 특별히 사랑했던 아들 요셉이 형들의 미움을 받아 애굽으로 팔려갔다. 야곱의 일생은 그의 표현대로 그야말로 험악했다. 아버지의 축복을 받기 위해 야곱이 리브가 카드를 꺼내든 순간 행복한 인생, 평탄한 인생이 시작된 것이 아니라 험악한 세월이 시작된 것이다.

리브가 카드를 사용하면 인생이 험악해진다. 하나님은 이 진리를 우리로 하여금 깨닫도록 하기 위해 야곱의 카드 사용기를 성경에 그토록 자세하게 기록해 놓으신 것이다. 야곱은 성경 안에만 있지 않다. 오늘도 우리 주변에 많은 야곱이 있다. 리브가 카드를 꺼내 들었다가 인생이 험악해진 많은 사람들 말이다. 하나님이 창세기를 통해 야곱을 보여주시고 우리 주변에 살아 있는 야곱을 보여주시는 이유는 그분의 자녀 된 우리가 험악한 인생을 살지 않도록 하시기 위함이다.

험악한 인생을 살기로 작정을 한 경우라면 리브가 카드를 사용해도 된다. 그러나 인생이 평탄하길 원한다면 리브가 카드를 꺼내 드는 어리석음을 범해서는 안 된다. 하나님의 복을 리브가 카드로 결제해선 안 된다. 사람의 축복을 사기 위해 거짓 카드로 결제해선 안 된다. 리브가 카드를 만지작거려서도 안 된다. 아예 지갑 안에서 리브가 카드를 꺼내 버려야 한다. 리브가 카드로 행복을 사려는 어리석음을 범해선 안 된다. 리브가 카드로 살 수 있는 것은 불행뿐이다. 행복은 리브가 카드로 결제되지 않는다. 리브가 카드로 문제를 풀어선 안 된다. 더 복잡해진다.

리브가가 하나님을 전적으로 믿고 신뢰했다면 아들 야곱에게 거짓 카드를 쥐여 주진 않았을 것이다. 하나님은 이미 리브가에게 에서가 야곱을 섬길 것이라고 말씀하셨다. 쌍둥이 아들을 임신하고 있을 때 하나님이 일러주셨다. 하나님의 약속을 믿고 기다리면 된다. 그러나 안타깝게도 리브가는 하나님이 그 아들 야곱에게 복을 주실 때까지 기다리지 못하고 자신이 야곱으로 하여금 복을 받게 해 주었다. 거짓 카드를 통해서.

　잘되는 것은 하나님 손에 달렸다. 복은 하나님에게 있다. 그 하나님이 주기로 작정하시면 그 누구도 막을 수 없다. 리브가가 이 하나님을 믿고 기다렸다면 거짓 카드를 꺼내 드는 어리석음은 범하지 않았을 것이다. 하나님을 믿어야 리브가 카드를 꺼내 들지 않는다. 하나님을 믿는 사람은 조급하지 않다. 서둘지 않는다.

　범사에 진실 카드를 꺼내야 한다. 언제 어떤 순간이라도 진실 카드를 꺼내야 한다. 성경은 "거짓을 버리고…… 참된 것을 말하라"고 가르치고 있다. 진실 카드로 결제해야 한다. 그러면 평탄한 세월이 시작될 것이다. 살고 싶어질 것이다.

1번의 답은 3이다

　　　　우리가 그동안 이런저런 시험을 많이 봤지만 출제자가 곁에 와서 정답을 가르쳐 준 일은 없다. 그렇게 시험 문제를 푼다는 것은 상상할 수 없는 일이다. 이것이 우리와 우리 자녀들이 보는 시험이다. 혹시 답을 가르쳐 주면 그것은 불법이다. 부정행위다.

　잠언을 보면 인생시험 문제를 푸는 장면이 나온다. 문제를 푸는 사람 옆에서 문제 출제자가 답을 가르쳐 준다. 아주 친절하게 정답을 불러 주는 것이다.

"1번의 답은 3!"

그런데 안타까운 것은 문제 출제자가 정답을 불러 주는데도 계속 다른 답을 적고 있는 인생수험생들이 거기 있다는 사실이다.

1번의 답은 3. 그냥 불러 주는 대로 받아쓰면 된다. 세상의 어떤 시험보다 어려운 시험이 인생 시험이다. 세상의 그 어떤 문제보다 복잡한 것이 인생 문제다. 그래서 수많은 사람들이 그 문제를 풀지 못하고 힘들어한다. 그런데 어떤 사람들은 인생을 아주 단순하고 쉽게 산다. 인생 문제가 너무 쉽기 때문이다. 문제 출제자가 곁에서 불러 주는 대로 답을 받아쓰면 된다.

잠언에서 지혜가 이렇게 외친다.

"내가 가장 선한 것을 말하리라. 내 입술을 열어 정직을 내리라. 내 입은 진리를 말하며 내 입술은 악을 미워하느니라. 내 입의 말은 다 의로운즉 그 가운데에 굽은 것과 패역한 것이 없나니 이는 다 총명 있는 자의 밝히 아는 바요. 지식 얻은 자의 정직하게 여기는 바니라. 너희가 은을 받지 말고 나의 훈계를 받으며 정금보다 지식을 얻으라."잠 8:6-10

이 말씀의 의미는 "나 지혜가 정답을 불러 주겠다. 나 지혜가 말하는 것이 정답"이라는 것이다. 여기서 지혜는 예수 그리스도다. 지혜는 안타깝게 외친다.

"어리석은 자들아, 너희는 명철할지니라. 미련한 자들아, 너희는 마음이 밝을지니라. 너희는 들을지어다." 잠 8:5

정답을 불러 주는데 왜 받아 적지 않느냐는 안타까움이 이 말씀 가운데 그대로 배어 있다. 왜 1번의 답은 3이라고 불러주는데도 2번을 쓰고 4번을 쓰느냐고 주님은 안타까워하신다.

인생의 문제, 예수님에게 답이 있다. 예수님이 답이다. 예수님의 말씀이 정답이다. 성경이 답이다.

남편의 행복은 어디서 오는가. 답은 3번이다. 아내를 귀히 여기며 사랑하는 것이다. 남편에게 어떻게 해야 하는가. 역시 정답은 3번이다. 남편에게 순종하는 것이다. 자녀들을 어떻게 키워야 하는가. 정답은 주의 교양과 훈계로 양육하는 것이다. 즐거움은 어디서 오는가. 하나님에게서 온다가 답이다. 돈은 어떻게 해야 하는가. 사랑하지 말고 사용하라가 답이다. 사람에게 어떻게 해야 하는가. 정답은 '사랑하라' 다. 원수에게는 어떻게 해야 하는가. 역시 정답은 '사랑하라' 다. 욕하고 저주하는 자에게는 어떻게 해야 하는가. 위하여 '축복하라' 가 정답이다. 다음 중 뼈를 썩게 하는 일은 무엇인가. 답은 3번 시기다. 그렇다면 뼈의 양약은 무엇인가. 정답은 3번 마음의 즐거움이다.

문제 출제자가 가르쳐 주는 정답이다. 그냥 받아쓰면 된다. 세상에 이보다 쉬운 시험은 없다. 지금껏 내가 본 시험 중에 인생 시험만큼 쉬운 것은 없다. 처음부터 그랬던 것은 아니다. 내 안에 예수님을 모시기 전까지는 세상에서 제일 어려운 시험이 인생 시험이었다. 예수님을 믿은 후에는 믿기 가장 어려운 문제가 제일 쉬운 문제로 바뀌었다.

인생 문제를 풀지 못해 고민하고 있는 이들에게 다시 한 번 고한다. 1번의 답은 3이다. 인생 문제 출제자이신 예수님이 불러 주시는 대로 답을 쓰면 된다. 3이라고 쓰면 된다. 2번이나 1번이라고 쓰지 말아야 한다. 예수님이 불러 주시는 대로 3이라고 쓰면 된다. 이것이 신앙생활이다.

행여 3이라는 숫자에 의미를 두는 일은 없기를 바란다. 예수님이 불러 주신 답을 3이라고 가정하고 한 말이다. 내 이름에 3이 있어 친숙해서 그냥 택한 것이다.

우리는 구원받기 위해서 예수님을 믿어야 한다. 또 인생 문제를 풀기 위해서도 예수님을 믿어야 한다. 예수님이 정답이다. 성경이 해답이다. 그분을 믿고 그분의 말씀대로 사는 것은 인생 문제의 정답을 갖고 사는 것이다. 복잡할 이유가 없다. 아무리 어려운 인생 문제를 만난다 해도 그 답을 갖고 있다면 걱정할 것이 없다. 문제를 만나면 해답을 보면 된다. 사람들이 신앙생활을 하면서부터 인생이 풀리는 이유가 바로 이 때문이다.

신앙생활 3 _ 은혜와 율법

은혜 받은 나를 자유롭게 하는 율법

잡힐 듯 잡히지 않고
보일 듯 보이지 않는 것들

　　　　신앙생활을 하다 보면 그 개념이 잡힐 듯 하면서도 잡히지 않고 보일 듯 하면서도 보이지 않는 것들이 몇 있다. 은혜와 율법도 그중에 하나다.

　율법은 어느 때는 좋은 것 같다가도 또 어느 때는 좋지 않은 것 같아 헷갈린다. '여호와의 율법을 즐거워하라'는 말씀을 보면 율법은 좋은 것이라는 마음이 든다. 그러나 "무릇 율법 행위에 속한 자들은 저주 아래에 있다"는 말씀을 보거나 "율법을 전하지 말고 복음을 전해야 한다"는 말을 들으면 율법은 좋지 않은 것인가 하는 생각이 든다. 이것이 오늘 우리만의 문제는 아닌 것 같다. 성경을 보면 바울이 복음을 전할 당시에도 이런 혼란이 있었음을 알 수 있다.

　율법은 구약, 은혜는 신약이라고 생각하는 사람도 있다. 구약에 모세나 선지자들을 통해서 하나님이 주신 것은 율법, 신약에 예수님이나 사도들을 통해서 하나님이 주신 것은 은혜라고 생각하기도 한다. 구약을 많이 설교하는 목사는 율법 아래 있고 신약을 많이 설교하는 목사는 은혜 아래 있다고 생각하기도 한다. 아주 극단적인 사람은 은혜 시대를 사는 우리에게 구약은 필요 없다고 주장하기도 한다. 물론 이것은 다 오해다.

율법과 은혜는
역할이 다르다

고린도후서 3장을 읽으면 두 가지가 계속 대비되어 나온다. 3절에 먹으로 돌판에 쓴 것과 영으로 마음판에 쓴 것이 나온다. 이어 6절에 죽이는 율법 조문과 살리는 영이 등장한다. 9절에 정죄의 직분과 의의 직분이 등장한다. 이것은 '돌에 새긴 정죄하고 죽게 하는 정죄의 직분' 과 '하나님의 영으로 마음판에 새긴 살리는 의의 직분' 으로 압축된다. 바울은 율법과 은혜, 율법과 복음을 이렇게 대비시키고 있다. 전자는 율법에 대한 설명이고 후자는 은혜 곧 복음에 대한 설명이다.

고린도후서 3장을 읽다 "율법 조문은 죽이는 것이요 영은 살리는 것"이라는 말씀 앞에서 당황하기도 한다. 이 말씀 앞에서 당황하는 이유는 "율법 조문은 죽이는 것"이라는 말씀이 "율법은 나쁜 것"으로 읽히기 때문이다. "율법의 저주에서 우리를 속량하셨다"는 갈라디아서 3장 13절 말씀도 이런 생각을 하는데 한몫한다. '율법은 죽이는 것' 과 '율법의 저주' 가 겹쳐지면서 율법은 나쁜 것이라는 생각이 굳어졌는지 모른다.

나쁜 것이라면 버리면 된다. 율법이 나쁜 것이라면 성경에서 율법을 다 걷어서 버리면 된다. 그러나 그럴 수 없는 것은 예수님이 제자들에게 "내가 율법이나 선지자를 폐하러 온 줄로 생각하지 말라. 폐하러 온 것이 아니요 완전하게 하려 함이라"마 5:17고 말씀하셨기 때문이다. 이것이 전부가 아니다. 이 말씀 후에 예수님은 "진실로 너희에게 이르노니 천지가 없어지기 전에는 율법의 일점일획도 결코 없어지지 아니하고 다 이루리라"마 5:18고 선언하셨다.

"그럼 뭐지?" 이런 고민은 신앙생활을 하는 가운데 누구나 한 번쯤은 한다. 고린도후서 3장을 본문으로 설교하면서 성도들에게 물었다. "검사는 좋은 사람입니까, 나쁜 사람입니까?" 갑작스런 질문에 질문의 의도를 파악하기 위해 애쓰는 성도들 모습이 보였다. 질문을 한 번 더 했다. "검사와 변호사 중에 누가 좋은 사람이고 누가 나쁜 사람입니까?" 더욱 오리무중에 빠지는 듯 했다. 이렇게 질문을 한 이유는 검사와 변호사를 좋은 사람과 나쁜 사람의 개념으로 묻는 자체가 모순임을 말하기 위함이었다. 검사와 변호사는 역할이 다르다. 마찬가지다. 율법과 은혜 중에 어느 것이 좋은 것이고 어느 것이 나쁜 것인가? 어쩌면 우리는 율법과 은혜의 역할을 설명하는 성경을 읽고 어느 것이 좋고 어느 것이 나쁜지를 찾으려고 했는지 모른다.

성경은 우리에게 율법의 역할과 은혜의 역할이 무엇인지 가르치고 있다. 율법의 역할은 정죄하고 죽이는 것이다. 은혜의 역할은 칭의하고 살리는 것이다. 검사와 변호사가 다 필요하듯이 우리에게 율법과 은혜가 다 필요하다.

9장
율법 시험

율법은
하나님의 말씀이다

　　　　구약성경을 기록한 히브리어로는 율법을 '토라'라고 한다. '하나님의 법'이라는 의미다. 하나님이 모세에게 주신 십계명이 율법이고 하나님이 모세를 통해서 이스라엘에게 주신 모든 법이 율법이다. 성경에 하나님이 하라고, 또는 하지 말라고 명하신 것들이 있다. 광의적인 의미에서 이 모든 것이 다 율법이다. 율법은 좁은 범위로 십계명, 일반적으로는 모세오경, 넓게는 성경 전체를 가리킨다.

　성경에 나타난 율법의 다른 표현은 주의 계명, 주의 증거, 주의 명령, 주의 법도, 주의 율례, 주의 의로운 판단, 주의 말씀, 주의 규례, 주의 법, 주의 교훈, 주의 의로운 말씀, 주의 판단, 하나님의 말씀 등이다.

총신대학 신학대학원에서 조직신학을 가르치는 문병호 교수는 십계명에 근거해 '율법은 경건하고 올바른 삶의 규범'이라고 정의했다.

일반적으로 율법을 의식법, 시민법, 도덕법으로 나눈다. 도덕법을 윤리법이라고 하기도 한다. 이 중 의식법은 할례와 제사제도 같은 것들로, 구약시대 성도들에게 예수 그리스도께서 이 땅에 오시기까지 한시적으로 오실 예수 그리스도를 예표하기 위해 주신 것이다. 우리는 지금 의식법을 문자적으로 지키지 않는다. 예수 믿는 우리는 할례를 받거나 양이나 소를 잡아 번제를 드릴 필요가 없다. 의식법은 예수님이 오심으로 예수 안에서 이미 성취되었기 때문이다. 오늘 우리가 예수 믿고 하나님을 예배하면 그것으로 우리는 모든 의식법을 지키는 것이다.

율법은
좋은 것이다

당연한 사실이지만 율법은 좋은 것이다. 선하신 하나님의 법이, 하나님의 말씀이, 하나님이 주신 십계명이 좋지 않을 리가 없다. 그런데도 사람들 중에는 율법에 대해 부정적인 이미지를 갖고 있는 이들이 있다. 이것은 율법에 대한 오해에서 비롯되었다. 이 오해의 역사는 오래되었다. 바울이 로마교회를 향해 '율법이 죄냐' 고 묻고 '그럴 수 없다' 고 단호하게 대답하는 것을 보면 그때도 이런 오해가 있었다. 율법을 좋지 않은 것으로 오해하고 있다면 이것은 풀어야 한다.

우리는 신앙과 생활에 대한 모든 것을 율법을 통해 알았다

율법은 우리에게 하나님을 가르쳐 주고 하나님의 마음을 보여 준다. 율법은 하나님이 우리에게 무엇을 원하시고 어떻게 하기를 원하시는지를 가르쳐 준다.

율법은 우리에게 범사에 하나님의 뜻이 무엇인지 알려 준다. 율법은 결혼을 남자가 남자와 할 것인지, 아니면 여자와 할 것인지, 한 남자와 여러 여자가 할 것인지, 한 남자와 한 여자가 할 것인지를 분명하게 일러준다.

율법은 우리에게 기준과 방향성을 제시한다. 만약 우리에게 율법이 없으면 우리는 기준을 상실하고 방향성을 잃게 된다.

율법은 사람에게 의가 무엇이고 죄가 무엇인지 가르쳐 준다. 하나님이 하라고 한 것을 하면 의義고 하지 않으면 죄罪다. 하나님이 하지 말라고 한 것을 하지 않으면 의고 하면 죄다. 선악을 알게 하는 나무의 열매를 먹지 말라는 말씀을 따라 선악과를 먹지 않는 것은 의고 선악과를 먹는 것은 죄다. 만약 율법이 없다면 우리는 죄를 짓고도 그것이 죄인 줄 모를 것이다. "율법으로 말미암지 않고는 내가 죄를 알지 못하였으니 곧 율법이 탐내지 말라 하지 아니하였더라면 내가 탐심을 알지 못하였으리라."롬 7:7 율법으로 우리는 죄를 깨닫는다. 우리에게 무엇이 의고 무엇이 죄인지를 확실하게 알려 주는 것이 율법의 역할이다.

율법은 의와 죄가 무엇인지 가르쳐 줄 뿐 아니라 그 결과도 분명하게 알려 준다. 율법은 우리에게 죄에는 형벌이 있고 의에는 상이 있음을 가르쳐 준다. "죄를 지으면 망한다. 의를 행하면 흥한다. 죄를 지으면 비참해진다. 의를 행하면 행복해진다. 죄의 삯은 사망이다. 의의 열매는 생명이다." 우리는 이 모든 것을 율법을 통해 알았다.

이 율법이 사람에게 주어졌다. 사람은 이 율법을 지켜야 한다. 이것이 사람의 본분이다.

율법 시험에
합격해야 의인이다

율법을 주신 하나님은 각 사람의 율법 점수를 채점하신다. 채점의 기준은 율법대로 행한 여부다. 이 시험에 합격하면 의인이 된다. 하나님은 그를 향해 "너는 의롭다" 하시고 그를 '의인'이라고 부르신다. 율법 시험에 합격한 사람은 구원받는다. 천국에 들어간다.

율법 시험의 커트라인이 궁금해진다. 율법 점수가 몇 점이면 합격할까. 검정고시의 경우 평균 60점 이상을 맞으면 합격이다. 율법 시험의 합격 점수도 이와 같다면 한번 도전해 볼 만하다. 율법 시험의 커트라인은 어디서 확인이 가능할까. 성경에 율법 시험 합격 점수가 공개되어 있다.

무릇 율법 행위에 속한 자들은 저주 아래에 있나니
기록된바 누구든지 율법 책에 기록된 대로
모든 일을 항상 행하지 아니하는 자는
저주 아래에 있는 자라 하였음이라. 갈 3:10

하나님이 정한 율법 시험 합격 기준은 율법 책에 기록된 대로 '모든 일'을 '항상' 행하는 것이다. 이것을 점수로 환산하면 100점이다. 율법 시험 합격 커트라인을 확인하는 순간 대다수의 사람들 입에서 '아' 하는 단식이 나온다. 이렇게 율법 책에 기록된 대로 '모든 일'을 '항상' 행할 수 있을까. 하루를 이렇게 살라고 해도 불가능해 보이는데 평생을 이렇게 살아야 합격이라니…….

그렇다. 하나님이 정한 율법 시험 합격 점수는 100점이다. 어느 정도 율법을 지키면 하나님이 의롭다고 인정하는 것이 아니다. 완벽하게 지켜야 한다. 99% 지켰다고 되는 것이 아니다. 100% 지켜야 한다. 왜 이런지는 성경에 소개되어 있는 채점 방식을 보면 알 수 있다.

> 누구든지 온 율법을 지키다가
> 그 하나를 범하면 모두 범한 자가 되나니
> 간음하지 말라 하신 이가 또한 살인하지 말라 하셨은즉
> 네가 비록 간음하지 아니하여도 살인하면
> 율법을 범한 자가 되느니라. 약 2:10-11

누구든지 율법을 지키다가 그 하나를 범하면 모두 범한 자가 된다. 이것은 하나님이 정하신 율법 시험 채점 방식이다. 의롭다 함을 받기 위해서는 율법 점수 100점이 필요하다. 율법에 기록된 대로 온갖 일을 하나도 빼놓지 않고 항상 다 지켜야 100점이다.

처음 사람 아담의 율법 시험 점수는 형편없었다

첫 수험생 아담에게 율법 시험 문제가 주어졌다. 하나님의 말씀이 주어졌다.

"동산 각종 나무의 열매는 네가 임의로 먹되 선악을 알게 하는 나무의 열매는 먹지 말라. 네가 먹는 날에는 반드시 죽으리라 하시니라." 창 2:16-17

아담과 하와가 함께 답을 썼다.

"여자가 그 열매를 따먹고 자기와 함께 있는 남편에게도 주매 그도 먹은지라." 창 3:6

처음 사람 아담과 하와의 율법 점수는 형편없이 나왔다. 아담의 후손으로 이 땅에 태어난 사람들 시험 점수 역시 합격 점수에 턱없이 모자랐다. 아담이 선악을 알게 하는 나무의 열매를 먹지 말라고 하신 하나님의 명을 지키지 못한 것처럼 그의 후손들도 율법대로 행하지 못했다.

당신의
율법 점수는 얼마인가

율법 시험 수험생이라고 생각하고 자신의 율법 점수를 스스로 채점해 보라. 채점할 때 겉으로 드러난 행위만이 아니라 그 동기까지도 함께 채점해야 한다.

사람마다 점수가 다르겠지만 어떤 사람은 75점, 어떤 사람은 58점, 어떤 사람은 39점일 수 있다. 자신의 율법 점수 앞에서 낙심하는 사람도 있고 주위를 둘러보며 이만 하면 평균 이상이라고 안도하는 사람도 있을 수 있다. 중요한 것은 합격 점수가 100점이라는 사실이다. 의롭다함을 받기 위해서, 곧 구원받기 위해서는 100점이어야 한다. 100점이 아니라면 75점이나 58점이나 39점이나 그 차이는 별 의미가 없다. 의롭다 함을 받지 못하기는 마찬가지기 때문이다.

혹여라도 채점을 하고 조금 더 노력하고 조금 더 애쓰면 100점도 맞을 수 있다고 생각하는 사람이 있다면 귀띔해 주고 싶은 것이 있다. "태초부터 지금까지 사람 중에는 율법 시험에서 100점 받은 사람이 없습니다." 이 땅에서 지금까지 수많은 사람들이 100점에 도전했다. 그러나 아직까지 사람 중에서 이 점수를 맞은 사람은 없다. 지금까지 사람 중에는 율법을 다 지킴으로 하나님 앞에 의롭다 함을 받은 사람이 없다.

"율법의 행위로는 그의 앞에 의롭다 하심을 얻을 육체가 없느니라." 롬 3:20

이 말씀 중에 '율법의 행위'는 '율법이 하라는 대로 다 행한 것'을 의미한다.

점수 미달로
절망하는 사람들

율법 시험에서 합격 점수를 받지 못한 사람을 두고 성경은 분명히 선포하고 있다.

"무릇 율법 행위에 속한 자들은 저주 아래에 있나니 기록된바 누구든지 율법 책에 기록된 대로 모든 일을 항상 행하지 아니하는 자는 저주 아래에 있는 자라 하였음이라." 갈 3:10

그럼 어떻게 하라는 말인가. 이렇게 반문할 수 있다. 커트라인을 낮추든지, 아니면 100점을 맞을 수 있도록 시험 문제 난이도를 조절하든지 해야 하는 것 아닌가. 이런 생각을 할 수도 있다.

하나님이 정하신 율법 시험 채점 방식과 율법 시험 커트라인 앞에서 우리 모두는 깊은 좌절감을 느낀다. 아니, 절망에 빠진다. 할 수 없기 때문이다. 아무리 생각하고 노력해도 율법 시험에 100점을 맞을 수 없기 때문이다. '100점을 맞지 못하면 어쩔 수 없지' 하고 체념하고 넘어갈 수 있는 문제가 아니다. 율법 시험에 합격하지 못하면 의롭다 함을 받지 못한다. 구원받기 위해서는, 천국에 들어가기 위해서는 반드시 의로워야 하는데, 의인이 되어야 하는데 율법 시험에 합격하지 못하면 의인이 될 수 없다. 율법 시험에 합격하지 못했다는 말은 곧 구원받지 못한다는 말이다. 율법 시험에 떨어졌다는 말은 그기 율법에 기록된 대로 저주를 받아 이 땅에서 불행하게 살다가 죽어서는 지옥에 떨어져 영원히 고통을 당해야 한다는 의미다. 그러니 어찌 좌절하고 절망하지 않을 수 있겠는가.

이것이 자신만의 문제가 아니라는 것으로 위안을 삼으려는 사람도 있을 수 있다. "나만이 아니라 모든 사람이 율법 시험에 떨어졌으니 다행이다." 같이 간다고 지옥의 고통이 줄어드는 것은 아니다. 많은 사람이 간다고 지옥의 처우가 개선되는 것도 아니다. 혼자 가나 같이 가나 지옥은 지옥이다.

율법 아래서 사람들은 율법을 통해 자신이 죄인인 것을 알았다. 그 죄의 형벌도 알았다. 자신이 지은 죄의 삯이 사망인 것도 알았다. 죄의 형벌이 살아서는 불행이고 죽어서는 지옥이라는 사실도 알았다. 거기다 이 상황에서 벗어나기 위해 자신이 할 수 있는 일이 전혀 없다는 사실까지 알았다. 차라리 이것을 몰랐으면 오히려 마음은 편했을 텐데 알았기 때문에 더욱 비참하다. 마치 죽을병에 걸린 사람이 자신이 죽을병에 걸린 것과 그 병을 치료할 수 있는 길이 없어 곧 죽게 되었다는 것을 알게 된 것과 마찬가지다. 그렇기 때문에 율법 아래 있는 사람들은 절망할 수밖에 없다.

하늘에서 율법 시험 보러
이 땅에 오신 예수님

　　　　율법의 저주 아래 있는 사람들에게 은혜가 임했다. 기쁜 소식이 들렸다. 율법 시험이 폐지되거나 율법 시험 커트라인이 낮아졌다는 소식은 아니다. 그것은 여전히 그대로다. 기쁜 소식은 율법을 다 지키지 못해 저주 아래 있는 사람들을 위해 예수님이 하늘에서 이 땅으로 시험 보러 오셨다는 것이다. 하나님이 사람을 사랑하셔서 하나뿐인 그 아들을 보내어 율법 아래 나게 하셨다.

"때가 차매 하나님이 그 아들을 보내사 여자에게서 나게 하시고 율법 아래에 나게 하신 것은 율법 아래에 있는 자들을 속량하시고 우리로 아들의 명분을 얻게 하려 하심이라." 갈 4:4-5

이 땅에 오신 예수님은 율법을 다 이루셨다. 율법을 완성하셨다. 예수님의 율법 점수는 완전 점수 100점이다. 사람은 도무지 받을 수 없는 점수다. 예수님이 맞으신 이 율법 점수가 그리스도의 의義다.

100점 맞아
우리에게 주신 예수님

하나님이 그리스도의 의를 우리에게 주셨다. 100점인 예수님의 율법 점수를 예수 믿는 우리에게 그대로 적용해 주셨다. 하나님께서 예수님이 맞으신 율법 점수를 우리 점수로 인정해 주셨다. 하나님은 우리의 의기 이니리 그리스도의 의로, 우리의 율법 점수가 아니라 예수 그리스도의 율법 점수를 기준으로 우리를 의롭다 칭해 주셨다. 하나님은 율법을 완전하게 지키지 못했고 또 지킬 수도 없는 우리에게 예수님이 맞으신 율법 점수 100점을 주시고 그 율법 점수에 근거해 우리를 의인이라고 칭해 주셨다. 이것이 칭의稱義다. 예수 믿는 우리를 하나님이 의롭게 여기신 것이다. 이것이 은혜고 이것이 복음이다. 이것이 그리스도를 믿는 자의 의義다.

"그러므로 이제 그리스도 예수 안에 있는 자에게는
결코 정죄함이 없나니
이는 그리스도 예수 안에 있는 생명의 성령의 법이
죄와 사망의 법에서 너를 해방하였음이라.
율법이 육신으로 말미암아 연약하여 할 수 없는
그것을 하나님은 하시나니
곧 죄로 말미암아 자기 아들을 죄 있는 육신의 모양으로 보내어
육신에 죄를 정하사 육신을 따르지 않고
그 영을 따라 행하는 우리에게
율법의 요구가 이루어지게 하려 하심이니라." 롬 8:1-4

예수 믿는 우리는 우리 자신의 의가 아니라 이 하나님의 의로 의롭게 되었다. 우리의 율법 점수가 아니라 예수님의 율법 점수로 의롭게 되었다. 세상에 이보다 기쁜 소식이 어디 있겠는가. 율법 앞에서 절망을 많이 한 사람일수록 이 은혜는 더욱 크게 느껴진다.

믿음으로 의롭다 하심을 받았다는 것은
예수님의 율법 점수로 구원받았다는 말이다

우리는 예수 그리스도를 믿음으로 의롭다 하심을 받았다. 우리가 할 수 없던 그 일이 예수 그리스도로 말미암아 이루어졌다.

"모세의 율법으로
너희가 의롭다 하심을 얻지 못하던 모든 일에도
이 사람을 힘입어
믿는 자마다 의롭다 하심을 얻는 이것이라."행 13:39

'이 사람'이 예수 그리스도다. 이 진리를 깨달은 바울은 춤을 추면서 이 은혜를 외쳤다.

"사람이 의롭게 되는 것은 율법의 행위로 말미암음이 아니요 오직 예수 그리스도를 믿음으로 말미암는 줄 알므로 우리도 그리스도 예수를 믿나니 이는 우리가 율법의 행위로써가 아니고 그리스도를 믿음으로써 의롭다 함을 얻으려 함이라. 율법의 행위로써는 의롭다 함을 얻을 육체가 없느니라."갈 2:16

이 고백을 하고 바울은 "내가 율법으로 말미암아 율법을 향하여 죽었다"고 선언했다. 그 이유를 그는 "하나님을 향하여 살려 함이라"고 설명했다. 그는 큰 소리로 믿음 안에서 사는 자신의 삶을 이렇게 노래했다.

"내가 그리스도와 함께 십자가에 못 박혔나니 그런즉 이제는 내가 사는 것이 아니요 오직 내 안에 그리스도께서 사시는 것이라. 이제 내가 육체 가운데 사는 것은 나를 사랑하사 나를 위하여 자기 자신을 버리신 하나님의 아들을 믿는 믿음 안에서 사는 것이라. 내가 하나님의 은혜를 폐하지 아니하노니 만일 의롭게 되는 것이 율법으로 말미암으면 그리스도께서 헛되이 죽으셨느니라."갈 2:20-21

이 진리가 깨달아지면 "율법 안에서 의롭다 함을 얻으려 하는 너희는 그리스도에게서 끊어지고 은혜에서 떨어진 자로다"갈 5:4라는 말씀 앞에서 고민하지 않아도 되고 "그리스도 예수 안에 있는 속량으로 말미암아 하나님의 은혜로 값없이 의롭다 하심을 얻은 자 되었느니라"롬 3:24는 말씀에 '아멘' 하며 춤 출 수 있다.

전도집회에서
율법 점수가 50점인 자매를 만났다

어느 교회 전도집회 시간에 '의인으로의 초대'라는 제목으로 말씀을 전하면서 앞에 앉은 자매에게 "율법 점수가 얼마냐"고 물었다. 50점이라고 했다. 물론 50점은 더 되겠지만 자매가 최대한 낮춰 대답한 것 같다. 자매에게 강단 위로 좀 올라와 달라고 부탁했다. A4 용지에 '50점'이라고 적은 후에 그 자매에게 양손으로 들고 서 있어 달라고 했다.

"이게 자매님이 말한 자매님의 율법 점수입니다. 이 점수로는 천국 갈 수 없습니다. 천국은 의인만 들어 갈 수 있습니다. 의인은 율법 점수가 100인 사람입니다. 이 점수로는 의인이 될 수 없습니다. 미안하지만 자매님은 죄인입니다. 죄인은 천국 갈 수 없습니다. 이런 자매를 위해 하나님께서 독생자 예수를 보내주셨습니다. 예수님이 이 땅에 오셔서 율법 시험을 보시고 100점을 맞으셨습니다."

이번에는 A4 용지에 '100점'이라고 써서 자매에게 주고 '50점'이라고 쓴 A4 용지와 겹쳐 '100점'이 보이도록 들게 했다.

"이 100점은 예수님이 맞아 자매님에게 값없이 주신 율법 점수입니다. 하나님은 이 100점을 보시고 이 100점에 근거해 자매님을 향해 "너는 의인이다"라고 선언하셨습니다. 이것이 칭의입니다."

회중에게 하나님을 대신해 이 자매를 향해 선언해 달라고 했다.

"너는 의인이다."

자매를 향해 다함께 힘차게 의인이라고 외치고 설명을 이어갔다.

"조금 전에 이 자매님이 들고 있었던 50점은 이 자매님의 율법 점수입니다. 이것에 근거하면 이 자매님은 죄인입니다. 지금 이 자매님이 들고 있는 100점은 예수님이 맞아 이 자매에게 주신 율법 점수입니다. 이것에 근거하면 이 자매님은 의인입니다. 이것이 율법으로 말미암지 않고 예수 그리스도의 은혜로 말미암아 의롭게 되었다는 말의 의미입니다."

우리는 우리의 율법 점수를 기준으로 하면 죄인이고 예수님의 은혜 점수를 기준으로 하면 의인이다. 우리는 우리 자신을 은혜로 볼 수도 있고 율법으로 볼 수도 있다. 은혜로 본다는 것은 예수님이 100점 맞아 우리에게 주신 점수를 기준으로 우리를 보는 것이고 율법으로 본다는 것은 우리의 율법 점수를 기준으로 우리를 본다는 의미다.

이 관점의 차이는 크다. 자신도 은혜로 보면 괜찮은 사람이고 율법으로 보면 형편없는 사람이다. 자신뿐 아니라 다른 사람도 은혜로 볼 수도 있고 율법으로 볼 수도 있다. 예수님이 100점 맞아 그에게 주신 점수를 기준으로 그를 볼 수도 있고 그 자신의 율법 점수를 기준으로 그 사람을 볼 수도 있다.

안타까운 것은 율법 점수가 70점인 사람이 율법 점수 50인 사람을 형편없이 여기고 정죄하고 비난하는 것이다. 의인이 아니기는 50점이나 70점이나 마찬가지다. 우리가 만약 우리 자신의 율법 점수 70을 기준 삼아 율법 점수 50인 사람을 판단하고 정죄하려면 하나님께서 같은 방법으로 우리의 율법 점수를 기준으로 우리 자신을 판단하고 정죄하는 것도 감수해야 한다. 이것을 감당할 수 있다면 우리 자신의 율법 점수 70을 기준으로 율법 점수 50인 사람을 판단하고 정죄해도 된다.

그러나 세상에 이것을 감당할 수 있는 사람은 없다. 예수님이 가르쳐 주신 기도 가운데 "우리가 우리에게 죄 지은 자를 사하여 준 것 같이 우리 죄를 사하여 주옵시고"가 들어 있는 의미를 깊이 새겨야 한다.

그날 전도집회 설교를 하면서 제한된 시간 때문에 하지 못한 것이 있다. 자매에게 자기 점수가 앞쪽으로 나오도록 들게 하고 "나는 죄인"이라고 고백하게 한 후에 "자매님, 이것은 율법으로 자매가 자매를 본 것"이라고 말해 주고 싶었다. 회중을 향해 이 자매를 향해 "너는 죄인"이라고 외치게 한 후에 "여러분들은 지금 율법을 기준으로 이 자매를 보고 있는 것"이라고 말해 주고 싶었다. 그 다음에는 자매에게 예수님이 맞아 주신 율법 점수 100이 앞으로 나오도록 들게 하고 자매에게 "나는 의인"이라고 고백하게 한 후에 "자매님, 이것은 은혜로 자매를 본 것입니다"라고 말해 주고 싶었다. 회중을 향해 "너는 의인"이라고 외치게 한 후에 "여러분은 지금 이 자매를 은혜로 보고 있는 것"이라고 말해 주고 싶었다. 이렇게 한 후에 회중을 향해 묻고 싶었던 게 있다.

"여러분은 지금 자신을 은혜로 보고 있습니까, 율법으로 보고 있습니까? 여러분은 지금 다른 사람을 은혜로 보고 있습니까, 율법으로 보고 있습니까?"

그날 못한 질문을 지금 이 글을 읽고 있는 여러분에게 한다.

"여러분은 무엇을 기준으로 자신을 보고 다른 사람을 보고 있습니까?"

혹시 지금 자신에 대해 실망하고 힘들어하고 있다면 자신의 율법 점수를 주목하기 때문은 아닌지, 다른 사람에 대해 실망하고 힘들어하고 있다면 그 사람의 율법 점수 때문은 아닌지 살펴 볼 필요가 있다. 자신도 은혜로 보고 다른 사람도 은혜로 보고 살아야 행복하다.

율법의 역할은
몽학선생과 같다

자신이 율법의 저주 아래 있고 스스로 그 가운데서 벗어날 수 없는 신세라는 것을 알고 율법 아래서 소망을 상실한 이들은 자신을 그 가운데서 건져 줄 구세주를 사모한다. 물에 빠진 사람이 도무지 자신의 힘으로 그 가운데서 헤엄쳐 나올 수 없는 것을 알았을 때 외부의 도움을 간절히 구하는 것과 마찬가지다.

율법은 율법 아래 있는 사람들에게 자신을 구원해 줄 구세주에 관심을 갖게 하고 구세주를 사모하게 한다. 성경은 이것을 "이같이 율법이 우리를 그리스도에게로 인도하는 몽학선생이 되어 우리로 하여금 믿음으로 말미암아 의롭다 함을 얻게 하려 함이니라(개역한글성경)" 갈 3:24고 설명했다. 개역개정성경에서는 몽학선생을 초등교사로 번역했다.

'몽학선생'은 '아이의 인도자'란 뜻이다. 현재 우리 교육제도나 개념으로는 몽학선생을 설명하기가 쉽지 않다. 몽학선생을 영어 성경에서는 튜터tutor라고 한다. 고대 헬라 사회에서는 6세에서 10세 사이에 있는 아이의 가정교사로서 초등학문을 가르치고 의복, 식사, 행동들을 돌보다가 그 아이가 학교에 가게 되면 데리고 다니는 노예가 있었다. 이를 몽학선생이라고 한다.

몽학선생의 역할은 아이가 학교에 들어가기 전까지 임시적으로 맡아 돌보다 선생님에게 인도하는 것이다.

율법이 몽학선생 역할을 한다. 율법은 궁극적으로 사람들을 예수 그리스도에게로 인도한다. 율법 앞에서 절망하고 율법의 저주로 두려워하고 율법대로 살려다가 좌절하고 율법에 눌려 지내는 과정을 통해 결국은 율법이 몽학선생이 되어 그들을 그리스도에게로 인도한다.

착하게 살면 천국 간다고 주장하는 이들이 있다. 이들에게 해 주고 싶은 말이 있다. 착하게 살아 천국가기 위해서는 완전히 착해야 한다. 착한 것의 기준이 율법이다. 율법을 다 지키면 그것이 착하게 산 것이다. 사람은 부분적으로 착하게 살 수는 있지만 완전히 착하게 살 수는 없다.

자신은 율법을 지킴으로 구원받을 수 있다고 하는 사람들이 있다면 한번 해 보라고 하고 싶을 때도 있다. 그 결과를 알기 때문이다. 착하게 살아 구원받겠다는 사람이나 율법을 지켜 자력으로 구원받겠다는 사람이나 결국에는 그것이 불가능함을 깨닫게 된다. 그때, 진정 구원받기 원한다면 그는 그리스도께로 갈 수밖에 없다. 그래서 성경은 율법을 우리를 그리스도에게로 인도하는 몽학선생이라고 하는 것이다.

자신들이 출제한 문제지로 율법 시험을 보고 스스로 100점이라고 채점한 사람들이 있다

성경을 보면 율법 시험 문제지를 바꿔서 시험 본 사람들이 등장한다. 하나님의 율법이 아니라 자신들이 스스로 만든 장로의 유전으로 시험을 보고 스스로 채점해서 100점이라고 주장하는 유대교 지도자들이다. 이들은 하나님의 율법을 자기들이 '지킬 만한 율법'으로 만들었다. 사람들이 율법을 지킬 수 없다는 것을 알아야, 율법을 지켜 의롭게 될 수 없다는 것을 알아야 율법의 의도대로 예수 그리스도께 간다.

그러나 유대교 지도자들은 '지킬 만한 율법'을 만들어 배포하며 그것을 지키면 율법을 지키는 것이라고 전파함으로 많은 사람들이 '지킬 만한 율법'을 지키며 자신들은 율법을 지켰고, 율법을 지켰으니 의인이라고 착각하게 하는 큰 잘못을 저질렀다. 사람들이 율법 앞에서 좌절하고 절망해 예수 그리스도께 가야 하는데, 자신들이 만든

'지킬 만한 율법'으로 그것을 가로막았다. 유대교 지도자들과 그들을 따르는 사람들은 율법 앞에서 좌절하고 절망하고 예수 그리스도께로 가는 대신 자신들이 만든 지킬 만한 율법을 택했다. 예수님은 이런 바리새인과 서기관들을 향해 화를 선언하며 "너희는 천국 문을 사람들 앞에서 닫고 너희도 들어가지 않고 들어가려 하는 자도 들어가지 못하게 하는도다"마 23:13라고 경고하셨다.

예수님이 율법을 풀어 가르치시는 것을 듣고 절망하지 않을 사람이 없다

"나는 너희에게 이르노니 음욕을 품고 여자를 보는 자마다 마음에 이미 간음하였느니라. 만일 네 오른 눈이 너로 실족하게 하거든 빼어 내버리라. 네 백체 중 하나가 없어지고 온 몸이 지옥에 던져지지 않는 것이 유익하며 또한 만일 네 오른손이 너로 실족하게 하거든 찍어 내버리라. 네 백체 중 하나가 없어지고 온 몸이 지옥에 던져지지 않는 것이 유익하니라."마 5:28-30

이것은 예수님이 사람들 스스로 만든 '지킬 만한 율법 시험지'가 아닌 '하나님의 율법 시험지'를 제시하시는 것이다.

누가복음 18장에 스스로 채점한 100점짜리 시험지를 자랑스럽게 들고 예수님을 찾아온 한 부자 관리가 등장한다. 그는 예수님에게 물었다.

"선한 선생님이여, 내가 무엇을 하여야 영생을 얻으리이까?"

예수님은 "간음하지 말라, 살인하지 말라, 도둑질하지 말라, 거짓 증언하지 말라, 네 부모를 공경하라"는 시험문제를 출제했다. 그는 '이것은 내가 어려서부터 다 지켰다'는 답을 적어 시험지를 제출했다. 그 시험지에는 스스로 채점한 율법 점수도 기록되어 있었다. 100점이라고. 이것을 받아 든 예수님은 채점을 해서 그에게 돌려 주셨다. 예수님이 그에게 주신 성적표에는 "네게 아직도 한 가지 부족한 것이 있으니 네게 있는 것을 다 팔아 가난한 자들에게 나눠 주라. 그리하면 하늘에서 네게 보화가 있으리라. 그리고 와서 나를 따르라"고 기록되어 있었다.

부자 관원은 근심하며 돌아갔다. 이 시험장 근처에 있던 자들이 절망하며 예수님께 물었다.

"그런즉 누가 구원을 얻을 수 있나이까?"

예수님은 "무릇 사람이 할 수 없는 것을 하나님은 하실 수 있다"고 대답하셨다. 예수님은 구원이 사람의 율법 점수가 아닌 하나님의 은혜로 가능함을 일러 주신 것이다.

율법을 지키다 그것이 불가능한 것을 알면 어서 빨리 예수님께로 가야 한다. 율법의 의로 구원받을 수 없음을 알았으면 어서 빨리 그리스도의 의로 나아가야 한다. 율법 앞에서 율법을 지킬 수 없어 절망하고 좌절하는 대신 지킬 만한 율법을 스스로 만들어서는 안 된다. 율법 앞에서 철저하게 좌절하고 철저하게 절망하고 예수님께로 가야 한다.

율법과 은혜가 정리되면
로마서가 읽힌다

이제 율법과 은혜가 정리되었는지를 확인해 보자. 성경을 읽을 때, 특별히 율법과 은혜가 함께 나오는 본문을 읽을 때 그것이 읽히는지 여부로 이를 확인할 수 있다. 로마서를 읽어보라. 로마서가 읽히면 이것이 정리되었다고 봐도 된다. 다음 로마서 말씀을 읽어보라. 읽히는가.

기록된바 의인은 없나니 하나도 없으며 깨닫는 자도 없고 하나님을 찾는 자도 없고 다 치우쳐 함께 무익하게 되고 선을 행하는 자는 없나니 하나도 없도다.롬 6:10-12

이 말씀이 "율법으로 볼 때 의인은 없나니 하나도 없으며 깨닫는 자도 없고 하나님을 찾는 자도 없고 다 치우쳐 함께 무익하게 되고 선을 행하는 자는 없나니 하나도 없도다"로 읽히는가.

그들의 목구멍은 열린 무덤이요 그 혀로는 속임을 일삼으며 그 입술에는 독사의 독이 있고 그 입에는 저주와 악독이 가득하고 그 발은 피 흘리는 데 빠른지라. 파멸과 고생이 그 길에 있어 평강의 길을 알지 못하였고 그들의 눈 앞에 하나님을 두려워함이 없느니라 함과 같으니라.롬 3:13-18

이 말씀이 "율법으로 볼 때 그들의 목구멍은 열린 무덤이요 그 혀로는 속임을 일삼으며 그 입술에는 독사의 독이 있고 그 입에는 저주와 악독이 가득하고 그 발은 피 흘리는 데 빠른지라. 파멸과 고생이 그 길에 있어 평강의 길을 알지 못하였고 그들의 눈 앞에 하나님을 두려워함이 없느니라"로 읽히는가.

우리가 알거니와 무릇 율법이 말하는 바는 율법 아래에 있는 자들에게 말하는 것이니 이는 모든 입을 막고 온 세상으로 하나님의 심판 아래에 있게 하려 함이라. 그러므로 율법의 행위로 그의 앞에 의롭다 하심을 얻을 육체가 없나니 율법으로는 죄를 깨달음이니라.롬 3:19-20

이 말씀이 "우리가 알거니와 무릇 율법이 말하는바 곧 로마서 3장 10절로 18절 같은 말씀은 율법 아래에 있는 자들에게 말하는 것"으로 읽히는가. 율법이 이렇게 말하는 이유는 "율법으로 의롭게 될 수 있다고 말하는 모든 입을 막고 온 세상으로 하나님의 심판 아래에 있음을 알게 하려 함이라"고 읽히는가. "그러므로 율법의 행위로 그의 앞에 의롭다 하심을 얻을 육체가 없나니 율법으로는 죄를 깨달음이니라"는 말씀의 의미가 그대로 전해지는가.

이제는 율법 외에 하나님의 한 의가 나타났으니 율법과 선지자들에게 증거를 받은 것이라. 곧 예수 그리스도를 믿음으로 말미암아 모든 믿는 자에게 미치는 하나님의 의니 차별이 없느니라.롬 6:21-22

이 말씀이 "이제는 율법으로 의롭게 되는 외에 하나님의 한 의가 나타났다"는 선언으로 읽히는가. 이것이 율법과 선지자들에게 증거를 받은 것, 곧 구약성경을 통해 하나님이 이미 말씀하신 것이라고 읽히는가. "예수 그리스도를 믿음으로 말미암아 모든 믿는 자에게 미치는 하나님의 의니"가 "율법으로 의롭게 되는 외로 나타난 하나님의 의는 곧 예수 그리스도를 믿음으로 말미암아 모든 믿는 자에게 미치는 하나님의 의"라고 읽히는가. "차별이 없느니라"가 "이 하나님의 의는 유내인이나 헬라인이나 이빙이나 차별이 없이 모든 믿는 자에게 하나님이 주신다"로 읽히는가.

모든 사람이 죄를 범하였으매 하나님의 영광에 이르지 못하더니 그리스도 예수 안에 있는 속량으로 말미암아 하나님의 은혜로 값없이 의롭다 하심을 얻은 자 되었느니라.롬 3:23-24

"모든 사람이 죄를 범하였으매 하나님의 영광에 이르지 못하더니"가 "율법으로 하면 모든 사람이 죄인이기 때문에 천국에 들어갈 수 없게 되었으니"로 읽히는가. "그리스도 예수 안에 있는 속량으로 말미암아 하나님의 은혜로 값없이 의롭다 하심을 얻은 자 되었느니라"가 "예수 그리스도의 피로 말미암아 우리는 하나님의 은혜로 값없이 의롭다 하심을 얻는 자가 되어 천국에 들어갈 수 있게 되었다"로 읽히는가.

이렇게 읽힌다면 기뻐하라.

10장
구원받은 나를 자유롭게 하는 율법

율법과
새 관계 맺기

신앙생활을 하는 우리는 은혜 아래 있다. 이 말은 우리가 율법의 행위가 아니라 값없이 주신 그리스도의 의로 구원받았다는 의미다. 우리는 우리의 점수가 아니라 예수님의 점수로 이미 구원받았다. 예수님이 받으신 완벽한 점수 100점을 하나님이 우리에게 주셨기 때문에 더 이상 구원받기 위해 율법 시험을 볼 이유가 없다.

은혜 아래 있는 우리는 그럼 이제 율법을 어떻게 해야 하는가. 율법의 저주에서 벗어난 우리는 율법과 어떤 관계를 맺어야 하는가. 율법의 저주에서 벗어났으니 이제 더 이상 율법은 내게 필요 없다고 선언하고 율법의 용도를 폐기할 것인가. 율법을 지키지 않아도 되는가.

이렇게 혼란스러워하고 고민하는 이들을 향해 바울은 "그런즉 우리가 믿음으로 말미암아 율법을 파기하느냐"하고 반문하며 "그럴 수 없다"고 단호하게 말했다. 바울은 도리어 "율법을 굳게 세워야 한다"고 강조했다.

예수님도 "내가 율법을 폐하러 온 줄로 생각하지 말라, 나는 율법을 폐하러 온 것이 아니라 완전하게 하려고 왔다"며 "천지가 없어지기 전에는 율법의 일점일획도 결코 없어지지 아니하고 다 이루리라"고 말씀하셨다.

예수님은 율법을 완전하게 하러 오셨다. 예수님은 '살인하지 말라'와 '간음하지 말라'는 계명을 예로 들어 계명을 더욱 내면화시켜 주시고 철저히 각인시켜 주셨다. 단순히 문자적으로 사람을 죽이지 않고 육체적으로 간음만 하지 않으면 율법을 지킨 것이라는 유대인들의 가르침을 배격하면서 형제를 미워하고 욕하는 것도 살인이고, 여자를 보고 음욕을 품는 것도 간음이라고 가르쳐 주셨다. 이 말씀 후에 예수님은 의미심장한 말씀을 덧붙이셨다.

"누구든지 이 계명 중의 지극히 작은 것 하나라도 버리고 또 그같이 사람을 가르치는 자는 천국에서 지극히 작다 일컬음을 받을 것이요, 누구든지 이를 행하며 가르치는 자는 천국에서 크다 일컬음을 받으리라."마 5:19

예수님의 이 말씀 속에 "율법을 행하고 가르치라"가 들어 있다. 예수님은 우리가 받을 수 없는 율법 점수를 대신 받아 그 점수를 우리에게 주신 분이다. 그 점수로 우리로 하여금 하나님 앞에서 의롭다 하심을 받게 하신 분이다. 우리를 율법의 행위로부터 자유하게 해 주신 분이다. 그분이 우리에게 율법을 행하고 가르치라고 하는 것이 당혹스러울 수 있다. 율법으로부터 우리를 자유하게 하신 예수님이 율법을 지키라고 하니 말이다.

"예수님은 왜 우리에게 율법을 행하고 가르치라고 하셨을까?"

차분하게 조금은 긴 호흡으로 답을 찾아보려고 한다. 그리스도의 의로는 부족해서 우리의 의를 보충하기 위함은 물론 아니다. 구원에 우리가 보태야 할 율법의 행위가 필요하기 때문에, 예수님의 점수만으로는 부족해서 예수님이 우리에게 율법을 행하고 가르치라고 하신 것이 아니다.

구원받기 위해
율법을 지켜야 하는 의무는 사라졌다

예수를 믿는 우리는 이제 더 이상 율법 아래 있는 자가 아니다. 우리는 법 아래 있지 아니하고 은혜 아래 있다. 이제 우리에게 구원받기 위해 율법을 지켜야 하는 의무는 사라졌다. 예수님이 율법이 우리에게 요구하는 모든 요구를 다 이루셨기 때문이다. 우리는 값없이 주시는 그리스도의 의로 말미암아 의롭게 되었다. 이미 의롭다 함을 받은 우리가 의롭다 함을 받기 위해 율법을 지켜야 할 이유는 없다.

이제 우리는 더 이상 "누구든지 율법 책에 기록된 대로 모든 일을 항상 행하지 아니하는 자는 저주 아래에 있는 자"라는 말씀 앞에서 두려워하지 않아도 된다. 이것이 예수를 믿는 우리가 율법으로부터 얻은 자유다. 우리는 이미 예수 그리스도의 의로 말미암아 천국에 들어갈 수 있는 의인이 되었다. 구원받은 우리에게는 구원받기 위해 율법을 지킬 이유도, 필요도, 의무도 모두 사라졌다.

대학생이 그 대학 입학시험을 또 볼 필요는 없다
그러나 공부는 입학시험만을 위한 것이 아니다

잠시 멈춰 서서 하나님이 율법을 주신 이유를 다시 한 번 생각해 볼 필요가 있다. 그동안 우리는 구원받기 위한 율법 시험이라는 관점에서 율법을 보았다. 그럴 수밖에 없었던 것은 이 시험이 미치는 영향 때문이다. 이 시험에 합격해야 구원이 가능하다. 이제 하나님의 은혜로 구원이 확정되었으니 다시 처음으로 돌아가 생각해 보자.

학생이 공부하는 목적은 단지 대학에 합격하기 위해서만이 아니다. 학생이 공부하는 것에는 대학 입시를 통해 대학에 들어가는 것이상의 의미와 이유가 있다. 마찬가지다. 구원받은 우리에게 율법을 지키는 것도 마찬가지다. 구원받은 우리에게 율법을 지키는 것이 어떤 의미가 있는지 살펴볼 필요가 있다.

율법을 주신 하나님의 뜻이 있다. 율법을 통해 하나님을 알고 하나님을 영화롭게 하기 위해 율법을 주셨다. 이것을 기본으로 하고, 성경을 통해 하나님이 우리에게 율법을 주신 뜻 몇 가지를 찾아보려고 한다.

내가 오늘 네 행복을 위하여 네게 명하는
여호와의 명령과 규례를 지킬 것이 아니냐. 신 10:13
너희는 내 규례를 행하며 내 법도를 지켜 행하라.
그리하면 너희가 그 땅에 안전하게 거주할 것이라. 레 25:18
이 율법책을 네 입에서 떠나지 말게 하며
주야로 그것을 묵상하여 그 안에 기록된 대로 다 지켜 행하라.
그리하면 네 길이 평탄하게 될 것이며 네가 형통하리라. 수 1:8
내가 오늘 명하는 모든 명령을 너희는 지켜 행하라.
그리하면 너희가 살고 번성하고
여호와께서 너희의 조상들에게 맹세하신
땅에 들어가서 그것을 차지하리라. 신 8:1
네가 네 하나님 여호와의 말씀을 삼가 듣고

내가 오늘 네게 명령하는 그의 모든 명령을 지켜 행하면
네 하나님 여호와께서
너를 세계 모든 민족 위에 뛰어나게 하실 것이라. 신 28:1
네가 만일 네 하나님 여호와의 말씀만 듣고
내가 오늘 네게 내리는 그 명령을 다 지켜 행하면
네 하나님 여호와께서 네게 기업으로 주신 땅에서
네가 반드시 복을 받으리니
너희 중에 가난한 자가 없으리라. 신 15:4
너희를 향한 나의 생각을 내가 아나니 평안이요 재앙이 아니니라.
너희에게 미래와 희망을 주는 것이니라. 렘 29:11

이 말씀에서 보는 것처럼 하나님이 율법을 주신 이유는 우리를 위해서다. 우리의 행복을 위해서다. 우리의 가는 길이 평탄하고 하는 일이 형통하게 하기 위해서다. 우리를 세계 모든 민족 위에 뛰어나게 하기 위해서다. 우리에게 평안을 주고 미래와 희망을 주는 것이 하나님이 우리에게 율법을 주신 뜻이고 구원받은 우리가 율법을 지켜야 할 이유다.

예수 믿고 말씀대로 살면
참 자유가 있다

신앙생활을 '멀고도 험한 고난의 길'이라고 생각하는 이들이 있다. 노랫말의 영향도 있는 것 같다. 많은 사람들에게는 '믿음으로 사는 사람의 길은 힘들고 어렵고 고통스럽지만 그래도 예수님을 믿는 우리는 그 길을 가야 한다'는 부담이 있다.

예수님을 믿고 그 말씀대로 사는 사람의 길은 과연 많은 사람들이 생각하는 것처럼 멀고도 험한 고난의 길인가.

유대인들 가운데 예수 믿는 사람들이 생겼다. 예수님이 그들에게 "너희가 내 말에 거하면 참으로 내 제자가 되고 진리를 알지니 진리가 너희를 자유롭게 할 것"이라고 가르쳐 주셨다. 그들이 이 말씀의 의미를 알아듣지 못하자 예수님은 "죄를 범하는 자마다 죄의 종"이라며 "종은 영원히 집에 거하지 못하되 아들은 영원히 거하나니 그러므로 아들이 너희를 자유롭게 하면 너희가 참으로 자유로울 것"이라고 설명해 주셨다.

예수님의 이 말씀 가운데 '제자의 길'이 나온다. '제자가 되는 길'은 '너희가 내 말에 거하는 것'이다. '예수님의 말씀에 거하는 것'이다. '예수님의 말씀에 거하는 것'은 '예수님의 말씀대로 행하는 것'이다. 행하기 위해서는 알아야 한다. 종합하면, 제자의 길은 '예수님의 말씀을 듣고 배워서 그 말씀대로 행하는 것'이다.

예수님의 말씀을 듣고 그 말씀대로 행하는 것, 왠지 친숙하게 느껴지지 않는가. 그렇다. 이것은 지금까지 우리가 함께 나누었던 '은혜와 율법'을 풀어 놓은 것이다. 우리는 자연스럽게 '사람의 본분'과 '제자의 길'이 같은 길임을 알게 되었다. 우리가 지금까지 신앙생활을 해서 알겠지만, 이 길은 멀고도 험한 길이 아니다. 그런데도 사람들은 멀고도 험한 길이라고 생각한다.

예수님도 답답하셨나 보다. 자신을 믿고 따르는 길을 힘들고 어렵게 생각하는 이들을 향해 그 길이 어떤 길인지, 그 길에 무엇이 있는지 자세히 풀어 가르쳐 주셨다.

예수님은 "너희가 내 말에 거하면 참으로 내 제자가 될 것"이라고 하면서 "진리를 알지니 진리가 너희를 자유롭게 할 것"이라고 말씀하셨다. 여기서 '진리'는 예수님이 하신 '내 말'이다. 예수님의 이 말씀은 곧 "너희가 내 말에 거하면 그것이 너희를 자유롭게 할 것"이라는 자유 선언이다.

그렇다. 예수님을 믿고 그 말씀대로 행하는 제자의 길은 참 자유가 있는 길이다. 사람의 본분을 따라 살면 참 자유가 있다. 이 길을 걷지 않는 사람 눈에는 그 길이 '멀고도 험한 고난의 길'처럼 보일지 모르지만 그 길을 걷는 사람에게는 참 자유의 길이다. 참된 자유와 행복이 그 길에 있다.

예수님을 믿는 우리는 오늘도 율법을 지키는 권리를 행사하고 있다. 복음 안에 거하는 우리에게 율법은 더 이상 짐이 아니라 날개다. 우리를 구원해 주신 하나님의 은혜가 너무 감사해서, 기쁜 마음으로 자원해서 우리는 오늘도 율법을 지키는 자유를 누리고 있다. 은혜 받은 우리를 자유롭게 하는 율법, 자유의 율법을.

이 땅에서 천국을 미리 경험하며 살기 위해
율법을 지킬 권리는 남아 있다

우리는 하나님의 은혜로 율법 시험은 통과했다. 우리의 의가 아닌 예수님의 의로, 우리의 점수가 아닌 예수님의 점수로 우리는 합격했다. 학생으로 비유하면 이제 대학에 합격한 것이다. 학생은 대학에 들어가서도 여전히 공부한다. 하지만 그 공부의 성격이 다르다. 대학에 입학하기 위한 공부가 아니다. 인생을 위한 공부다.

예수 믿는 우리에게 구원받기 위해 율법을 지켜야 할 의무는 사라졌다. 그러나 구원받은 자로 행복하게 살기 위해 율법을 지킬 권리는 여전히 남아 있다. 저 좋은 천국에서 우리가 누릴 기쁨을 이 세상에서도 미리 경험하게 하는 율법을 지킬 권리 말이다. 하나님의 보호를 받아 안전하게 살 권리, 하나님의 복을 받아 누리며 살 권리, 하나님이 번성하게 하시는 인생을 살 권리, 우리의 가는 길을 평탄하게 하시고 우리의 하는 일을 형통하게 해 주시는 하나님과 함께 인생을 살 권리는 여전히 남아 있다. 율법을 지킬 권리 말이다. 같은 율법을 지키지만 성격이 다르다. 우리가 율법을 지키는 것은 구원받기 위한 것이 아니다. 구원받았기 때문이다.

하나님이 값없이 주신 의로 우리는 이 세상을 떠나면 천국에 들어간다. 죽은 다음에 들어갈 천국을 우리는 이 땅에서도 미리 경험하며 살 수 있다. 우리의 행복을 위해 주신 율법을 따라 살면 된다. 이 땅에서 천국을 미리 경험하며 사는 행복은 율법을 지킨 자의 것이다. 하나님의 말씀인 성경대로 산 자의 것이다. 이 땅에 사는 동안 우리는 성경을 지킨 만큼 행복하다. 사랑한 만큼 행복하고 용서한 만큼 행복하고 나눈 만큼 행복하고 위로하고 격려한 만큼 행복하다. 그래서 예수님은 우리에게 이 땅에서도 장차 들어가서 누릴 천국의 기쁨을 누리며 살라고 율법을 행하고 가르치라고 명하신 것이다.

율법을 지키는 것이 어떤 사람에게는 짐이고 어떤 사람에게는 날개다. 구원을 받기 위해 율법을 지키는 사람에게 율법은 짐 중의 짐이다. 구원받은 우리에게 율법은 더 이상 짐이 아니다. 날개다. 우리를 구원해 주신 하나님의 은혜가 너무 감사해서, 기쁜 마음으로 자원해서 우리는 오늘도 율법을 지키는 자유를 누리고 있다. 구원받은 우리를 자유롭게 하는 율법, 자유의 율법을.

하늘의 상을 바라보며
율법을 지킬 권리는 남아 있다

율법을 지키지 못하면 벌을 받고 율법을 지키면 상을 받는다. 율법을 지키지 못한 벌이 저주다. 예수를 믿는 우리는 그 벌을 받지 않는다. 예수님이 그 벌을 우리 대신 받으셨기 때문이다. 이것이 은혜다. 감당할 수 없는 은혜다. 그런데 은혜 위에 은혜가 주어졌다. 그것은 하나님이 율법을 지키지 못한 벌은 사해주시고 율법을 지킨 자에게 주시는 상은 여전히 그대로 두셨다는 것이다.

하나님은 상 주시는 분이다. "믿음이 없이는 하나님을 기쁘시게 하지 못하나니 하나님께 나아가는 자는 반드시 그가 계신 것과 또한 그가 자기를 찾는 자들에게 상 주시는 이심을 믿어야 할지니라."히 11:6 믿음의 선진들은 상 주심을 바라며 고난을 참고 견뎠다.

"24장성하여 바로의 공주의 아들이라 칭함 받기를 거절하고 25도리어 하나님의 백성과 함께 고난 받기를 잠시 죄악의 낙을 누리는 것보다 더 좋아하고 26그리스도를 위하여 받는 수모를 애굽의 모든 보화보다 더 큰 재물로 여겼으니 이는 상 주심을 바라봄이라."히 11:24-26

하나님의 말씀대로 할 때 하나님은 상을 주신다. 계명을 따라 부모를 공경할 때 잘되고 땅에서 장수하는 상을 주신다. 주면, 후히 되어 누르고 흔들어 넘치도록 상을 안겨 주신다. 여호와의 명령을 지켜 행하면 하늘의 아름다운 보물 창고를 여시고 상을 주신다. 그 손으로 하는 일이 다 복이 되고 꾸어 주는 인생이라는 상을 주신다. 예수님은 우리에게 상을 주시기 위해 율법을 행하고 가르치라고 하신 것이다.

저주받을 두려움 없이 상 받을 기대 속에 율법을 따라 사는 이 은혜, 주님과 함께 영광을 누리기 위하여 주님과 함께 고난도 달게 받는 이 은혜, 이것은 예수 믿는 우리의 특권이다.

세상의 빛과 소금이 되기 위해
율법을 지킬 사명은 남아 있다

예수님은 우리에게 세상의 빛, 세상의 소금이라고 하셨다. 우리를 구원해 주신 예수님은 우리가 세상의 빛과 소금으로 살기 원하신다. 세상의 빛, 세상의 소금이 되는 것은 무엇일까? 예수님이 하신 말씀 속에 답이 있다.

"13너희는 세상의 소금이니 소금이 만일 그 맛을 잃으면 무엇으로 짜게 하리요, 후에는 아무 쓸 데 없어 다만 밖에 버려져 사람에게 밟힐 뿐이니라. 14너희는 세상의 빛이라 산 위에 있는 동네가 숨겨지지 못할 것이요 15사람이 등불을 켜서 말 아래에 두지 아니하고 등경 위에 두나니 이러므로 집 안 모든 사람에게 비치느니라. 16이같이 너희 빛이 사람 앞에 비치게 하여 그들로 너희 착한 행실을 보고 하늘에 계신 너희 아버지께 영광을 돌리게 하라."마 5:13-16

16절 속에 답이 있다. '이같이 너희 빛이 사람 앞에 비치게 하여'와 대칭되는 것이 '너희 착한 행실'이다. 세상의 빛이 되는 것은 세상 사람들이 그의 착한 행실을 볼 수 있도록 사는 것이다. 우리에게서 사람들이 착한 행실을 보았다면 우리는 세상의 빛이다.

세상은 구원받은 우리에게서 착한 행실을 보기 원한다. 자신과 다른 착한 행실을 우리에게서 보기 원한다. 세상 사람들이 그리스도인들을 보고 실망하는 이유는 자신과 같기 때문이다. 그리스도인은 다를 것이라고 생각하는데, 달라야 한다고 생각하는데 자신과 같을 때 이내 실망한다. 주기적으로 기독교윤리기관에서 그리스도인들의 신뢰도를 조사해 발표한다. 세상 사람들이 자신과 닮은 그리스도인들이 많다고 답한 조사 결과가 우리를 당혹스럽게 하기도 한다.

달라야 한다. 구원받은 우리는 달라야 한다. 하나님이 보실 때도 달라야 하고 교회가 볼 때도 달라야 하고 세상이 볼 때도 달라야 한다. 그리기 위해서는 율법대로 살아야 한다. 하나님의 말씀대로 해야 한다. 오른 쪽 뺨을 맞고 왼쪽 뺨을 돌려 대야 한다. 오 리를 가지고 하면 십 리를 가야 한다. 원수를 위해 기도하고 축복해야 한다. 우리의 기분대로 하고 우리의 감정대로 하면 우리와 세상은 같아진다. 세상 사람도, 예수 없는 사람들도 기분대로 감정대로 할 줄 안다. 자신은 기분대로 감정대로 하면서도 그리스도인은 하나님의 말씀대로 하기를 바라는 것이 세상이다. 세상 사람들이다.

　세상의 빛, 이것은 우리의 사명이다. 세상의 빛과 소금이 되는 것은 구원받은 우리의 사명이다. 우리에게 구원받기 위해 율법을 지킬 의무는 사라졌지만 세상의 빛과 소금이 되기 위해 율법을 지킬 사명은 여전히 남아 있다. 이 사명을 위해 우리는 오늘도 율법을 지켜야 한다.

사랑으로 율법을 완성하는 것은 우리의 미션이다

　　　　율법은 폐기 대상도 무시의 대상도 아니다. 도리어 율법은 세워야 하고 완전하게 해야 하고 완성해야 한다.

　문 : "율법은 무엇으로 완성할까?"
　답 : "사랑으로 완성한다."
　문 : 율법의 완성은 누구 몫인가?
　답 : 예수 믿는 우리의 미션이다.

　사랑은 이웃에게 악을 행하지 아니하나니

그러므로 사랑은 율법의 완성이니라. 롬 13:10

온 율법은 네 이웃 사랑하기를 네 자신같이 하라 하신

한 말씀에서 이루어졌나니. 갈 5:14

예수께서 이르시되 네 마음을 다하고 목숨을 다하고

뜻을 다하여 주 너의 하나님을 사랑하라 하셨으니

이것이 크고 첫째 되는 계명이요, 둘째도 그와 같으니

네 이웃을 네 자신같이 사랑하라 하셨으니

이 두 계명이 온 율법과 선지자의 강령이니라. 마 22:37-40

하나님을 사랑하고 이웃을 사랑하라는 이 두 계명이 온 율법과 선지자의 강령이다. 성경을 두 문장으로 압축하면 '하나님을 사랑하라' 와 '사람을 사랑하라' 가 된다. 성경을 한 단어로 압축하면 '사랑' 이다. 율법의 근본은 사랑이다.

사랑은 율법의 완성이다. 율법은 사랑으로 완성된다. 사랑이 없는 율법은 미완성 율법이다. 미완성 율법은 사람을 살리지 못한다. 사람을 살리는 율법은 완성된 율법이다.

예수님을 따라다니며 괴롭힌 유대교 지도자들이 있었다. 그들은 그야말로 사사건건 시비를 걸며 예수님을 괴롭혔다. 예수님뿐만 아니라 예수님 주변 사람들도 괴롭혔다. 그들은 대표적인 사랑 없는 율법의 소유자들이었다. 그들의 입은 열리기만 하면 율법이 쏟아져 나왔다. 그러나 그들의 율법은 생명이 없었다. 그들의 율법은 사람을 치료하지도 살리지도 못했다. 그들의 율법은 사람을 정죄하고 판단하고 죽였다. 그들의 율법은 사람을 살리는 칼이 아니라 죽이는 칼이었다. 그들의 율법은 사람을 비판하고 정죄하는 수단이었다. 그들이 손에 든 율법은 사랑이 없는 율법이었다. 죽은 율법이었다. 사랑 없는 율법 앞에서 살아남을 사람이 없다. 사랑 없는 율법은 죄 없는 예수님까지 십자가에 못 박았다. 반면 예수님의 율법에는 사랑이 있었다. 은혜가 있었다. 예수님의 율법은 사랑으로 완성된 율법이다. 예수님은 이것을 '새 계명'이라고 부르셨다. 예수님의 율법은 사람을 살리고 치료하고 회복시켰다.

간음하다 현장에서 잡힌 여인이 있었다. 이 여인을 서기관과 바리새인들이 예수님에게 끌고 와서 모세는 율법에 이러한 여자를 돌로 치라 명하였는데 선생은 어떻게 말하겠느냐고 물었다. 몰라서 물은 것이 아니다. 예수님을 시험하기 위해, 예수님을 올무에 걸리게 하기 위해 한 질문이다.

예수님이 몸을 굽혀 손가락으로 땅에 쓰셨다. 그 내용은 성경에 기록되어 있지 않아 알 수 없다. 그리고 일어나 "너희 중에 죄 없는 자가 먼저 돌로 치라" 하시고 다시 몸을 굽혀 손가락으로 땅에 쓰셨다. 그들은 양심의 가책을 받아 어른으로 시작하여 젊은이까지 하나 둘 자리를 떠나고 오직 예수님과 그 여인만 남았다. 예수님이 그 여인에게 물었다.

"여자여, 너를 고발하던 그들이 어디 있느냐? 너를 정죄한 자가 없느냐?"

그 여인은 대답했다.

"주여, 없나이다."

예수님은 여인에게 말씀하셨다.

"나도 너를 정죄하지 않을 테니 가서 다시는 죄를 범하지 마라."

이 사건에서 서기관과 바리새인들이 돌을 들어 이 여인을 치려고 한 것은 율법을 집행하기 위해서였다. 간음하다 현장에서 잡힌 여인을 돌로 치라고 한 것은 율법이다. 서기관과 바리새인들이 손에 든 율법에는 은혜가 없었다. 사랑이 없었다. 그들은 그 율법으로 여인을 죽이려고 했다. 사랑 없는 율법대로 했으면 그 여인은 죽었다. 현장에서 죽었다. 그러나 거기 예수님의 은혜가 더해졌다. 사랑이 더해졌다. 그러자 그 여인이 살아났다.

율법을 지키는 것은
하나님에 대한 예의다

하나님이 우리를 구원해 주셨다. 값없이 그리스도의 의로 우리를 의롭다 하시고 우리의 구원을 확증해 주셨다. 세상에 이런 은혜가 어디 있는가. 우리는 이 큰 은혜를 받은 사람이다. 사람과 짐승의 차이는 '은혜를 아느냐, 모르느냐'다. 심지어 짐승 중에도 주인의 은혜를 기억하는 짐승이 있다. 하물며 사람이, 그것도 하나님의 사람이 은혜를 모른다는 것은 도리가 아니다.

우리를 의롭다 하신 하나님이 부탁하지 않으셔도 우리는 그분의 뜻을 찾고 그분이 원하시는 것을 행해야 한다. 그분이 무엇을 기뻐하시고 그분이 무엇을 싫어하시는지를 알고 배워 행해야 한다. 그런데 하나님은 우리에게 율법을 지켜 달라고 부탁까지 하셨다. 그러니 어찌 은혜를 입은 우리가 율법을 지키지 않을 수 있겠는가.

하나님이 그의 아들의 율법 점수를 우리 점수로 여기시고 우리를 의인이라 칭해 주셨다는 사실을 묵상하게 될 때 우리 안에서 감사가 일어난다. 한량없는 은혜에 대한 다함이 없는 감사가 이어진다.

구원받은 우리는 하나님이 원하시는 것이면 무엇이든지 하고 싶고 하나님이 기뻐하시는 것이면 언제든지 하고 싶고 하나님이 싫어하시는 것이면 그림자도 피하고 싶어 한다. 그분이 원하시는 것이 무엇이고 그분의 뜻이 무엇인지 알기 위해 우리는 말씀을 공부하고 그 말씀대로 살려고 한다. 말씀을 다 지키지는 못하지만 힘써 지키려고 한다. 그러다 지키지 못한 것은 회개하고 다시 일어나 또 지키려고 시도한다. 두려워서 이렇게 하는 것이 아니다. 마음에서 우러나 감사함으로 이렇게 하는 것이다.

하나님의 말씀을 지키는 것은 구원받은 우리가 마땅히 하나님 앞에 갖춰야 할 예의다.

율법을
잘 지키게 하는 세 가지 팁

율법이 우리에게 하나님의 마음을 알려 주기 때문에 우리는 하나님의 뜻을 알고 하나님이 무엇을 좋아하시고 싫어하시는지를 안다. 율법이 우리에게 죄와 죄의 형벌을 가르쳐 주기 때문에 우리는 죄에 대한 경각심을 갖고 죄를 멀리하게 된다. 율법이 우리에게 의와 의의 열매를 가르쳐 주기 때문에 우리는 의에 대해 갈망하고 옳은 길을 따르고 있다.

우리는 하나님의 말씀을 행하고 가르쳐야 한다. 설교 시간에도 율법은 전해져야 한다. 죄를 죄라고 분명하게 선포해야 한다. 죄에는 형벌이 있음을 분명하게 설교해야 한다. 죄를 지으면 망한다고, 죄의 삶은 사망이라고 분명히 전해야 한다.

그러나 여기서 끝나서는 안 된다. 오직 율법만 전하면 안 된다. 율법에 은혜가 더해져야 한다. 은혜와 진리가 충만하신 예수를 설교해야 한다. 그리스도의 용서를 전하고 예수 안에서 다시 시작할 수 있음을 전해 주어야 한다. 율법 안에서 죽은 이가 은혜 안에서 다시 살

수 있음이 전파되어야 한다. 복음을 선포해야 한다.

율법을 지키는 것이 어떤 사람에게는 짐이고 어떤 사람에게는 날개다. 율법을 지킴으로 의롭다 함을 얻으려고 하면 율법은 짐 중의 짐이 될 것이다. 율법은 구원받은 우리에게 더 이상 짐이 아니다. 날개다. 그러나 예수를 믿은 후에도 여전히 율법이 짐으로 느껴지는 경우가 있을 수 있다. 율법이 부담이 되는 경우다.

율법을 잘 지키게 하는 팁 세 가지를 선물한다.

팁 #1 율법을 지키게 하는 힘, 복음

율법이 '내가 하나님께 해야 할 일'이라면 은혜는 '하나님이 내게 하신 일'이다.

은혜와 율법, 이 둘 중 '어느 것에 집중하느냐'에 따라 율법은 짐이 되기도 하고 날개가 되기도 한다. 율법은 우리가 율법에 집중하면 짐이 되고, 복음에 집중하면 날개가 된다. 율법을 지켜야 한다는 것에 집중하면 율법이 부담스러워진다.

율법을 지키기 위해서는 힘이 필요하다. 힘이 있어야 율법을 지킬 수 있다. 사람이 율법을 지키지 못하는 것은 힘이 없기 때문이다. 우리가 말씀대로 하지 못할 때는 대부분 말씀을 몰라서가 아니라 말씀을 지킬 힘이 없어서다.

율법을 지킬 힘이 없을 때는 힘을 공급받아야 한다. 하나님의 말씀을 지킬 수 있는 힘은 복음에서 온다. 하나님이 나를 위해 하신 일을 생각하고 그 일을 이루신 예수님을 바라볼 때 힘이 생긴다. 힘이 생기면 하나님 앞에 해야 할 일이 하고 싶어진다. 복음을 생각하면 율법을 지키는 것이 즐거워진다.

복음이 율법을 지키게 한다. 그래서 우리는 오늘도 여전히 복음을 전해야 하고 복음을 들어야 한다. 하나님이 나를 위해 하신 일을 전해야 하고 들어야 한다. 은혜를 전해야 하고 은혜를 받아야 한다. 그래야 신나게 율법을 지킬 수 있다. 그래야 율법이 날개가 된다.

팁 #2 율법을 지키게 돕는 성령

몰라서 못했던 것은 예수를 믿고 성경을 배우면 점점 사라진다. 웬만한 것은 다 알게 된다. 그런데 문제는 말씀을 몰랐을 때는 알기만 하면 다 할 수 있을 것 같았는데 막상 배워도 그대로 되지 않는 것이다. 우리는 누군가 오른편 뺨을 치거든 왼편도 돌려 대라고 주님에게 배웠다. 그것이 주님의 말씀인 것을 안다. 그러나 정작 오른뺨을 맞으면 상대의 왼뺨을 후려치고 있는 자신을 발견하고 탄식한다. 몰라서가 아니다. 아는데 되지 않는다. 이것이 예수를 믿는 우리의 갈등이고 고민이다.

여기서 우리가 기억할 것이 있다. 율법은 결코 우리의 힘만으로 행할 수 있는 것이 아니라는 사실이다. 원수를 사랑하고, 나와 내 자식을 향해 저주하는 사람을 축복하는 것은 우리의 의지로 할 수 있는 일이 아니다. 율법을 지키기 위해서는 우리의 의지적인 노력도 필요하지만 사람의 힘만으로는 되지 않는다.

이것을 아신 예수님이 승천하시면서 보혜사 성령을 보내주셨다. 성령이 우리에게 오셔서 하신 일이 많다. 그중에 하나가 우리를 죄와 사망의 법에서 해방하신 일이다. 율법의 저주 아래 있던 우리를 해방하신 일이다.

"그리스도 예수 안에 있는 생명의 성령의 법이 죄와 사망의 법에서 너를 해방하였음이라."롬 8:2

위의 말씀과 같이 구원받기 위해 율법을 지켜야 하는 의무에서 우리를 해방시켜 주신 성령님은 우리가 이 세상을 사는 동안 우리의 행복을 위해 하나님이 주신 율법을 지킬 수 있도록 도와주신다.

바울은 디모데에게 이렇게 권면했다.

"너는 그리스도 예수 안에 있는 믿음과 사랑으로써 내게 들은 바 바른 말을 본받아 지키고 우리 안에 거하시는 성령으로 말미암아 네게 부탁한 아름다운 것을 지키라."딤후 1:13-14

바울은 '내가 네게 부탁한 아름다운 것'을 성령의 도움을 받아 지키라고 했다. 하나님이 우리에게 성경을 통해 부탁하신 '아름다운 것'들도 우리는 성령의 도움을 받아야 지킬 수 있다. 율법을 지키기 위한 우리의 의지적인 노력이 필요하다. 그러나 율법을 지키지 못하는 것이 우리의 의지 문제만은 아니다. '성령을 받았느냐 그러지 못했느냐'의 문제일 수도 있다.

하나님은 우리에게 성령의 충만을 받으라고 하신다. 성령을 받아야 율법을 잘 지킬 수 있다. 성령을 받은 것과 말씀대로 행하는 것은 비례한다. 성령이 충만할 때는 말씀대로 하는 것이 쉽다. 원수를 용서하고 사랑할 수 있다. 그러나 성령이 소멸되면 이것이 어렵다. 그래서 성경이 성령을 소멸하지 말라고 경계하는 것이다.

우리가 기도해야 할 많은 이유가 있다. 그중 하나는 성령을 받기 위해서다. 하나님은 구하는 자에게 좋은 것을 주신다. 성령을 주신다. 성령의 도움을 받아 율법을 지키면 그 열매가 우리 인격과 성품 가운데도 아름답게 맺힌다. 사랑과 희락과 화평과 오래 참음과 자비와 양선과 충성과 온유와 절제의 열매가.

팁 #3 하면 안 할 수 있다

성경을 보면 명령문이 많다. 그것은 크게 '하지 말라'와 '하라'로 나눌 수 있다. '하지 말라'는 소극적인 명령과 '하라'는 적극적인 명령이 있다. 성경을 유심히 읽어 보면 '하지 말라'와 '하라'가 짝을 이루고 있는 것을 발견할 수 있다.

도둑질하지 말고 구제할 것이 있도록 그 손으로 수고하라.

게으르지 말고 부지런 하라.

돈을 사랑하지 말고 사용하라.

미워하지 말고 용서하라.

다투지 말고 화목 하라.

죽이지 말고 살리라.

사람을 사용하지 말고 사랑하라.

육체의 소욕을 따르지 말고 성령의 소욕을 따르라.

여호와의 이름을 망령되이 일컫지 말고 여호와를 경외하라.

이방 신을 섬기지 말고 하나님을 섬기라.

죄의 종이 되지 말고 의의 종이 되라.

어둠에 거하지 말고 빛에 거하라.

근심하지 말고 기도하라.

낙담하지 말고 소망을 가지라.

두려워하지 말고 담대하라.

원망하지 말고 범사에 감사하라.

저주하지 말고 축복하라.

악한 말을 하지 말고 선한 말을 하라.

거짓말하지 말고 진실을 말하라.

아내를 괴롭게 하지 말고 그를 귀히 여기라.

남편을 주장하려 하지 말고 그에게 순종하라.

부모를 멸시하지 말고 공경하라.

간음하지 말고 네 샘에서 물을 마시라.

이것이 전부는 아니다. 더 많은 말씀들이 있다. 하나님은 우리가 '하지 않는' 수준에 머무는 것이 아니라 '하는' 자리에까지 나아가기를 원하신다. 하나님이 금하신 것을 하지 않는 비결이 있다. 그것은 하는 것이다. 하면 안 하게 된다. 적극적으로 나가면 소극적인 것은 자동으로 해결된다.

원망하고 불평하지 않으려고 노력하는데 오히려 더 원망이 되고 불평이 나오는 경험을 했을 수 있다. 미워하지 않으려고 하면 할수록 더 미워지는 경우다. 그런데 이때 감사하면 원망과 불평이 자취를 감춘다. 신기할 정도다. 감사는 원망과 불평을 누르는 힘이 있다. 부모에게 감사하면 부모를 향한 원망과 불평이 사라진다.

축복하면 저주하지 않아도 된다. 용서하면 증오가 사라진다. 아내를 사랑하면 자연히 아내를 괴롭히지 않는다. 의에게 몸을 드리면 죄에게 줄 몸이 없어진다. 성령의 소욕을 따르면 육체의 소욕을 따르지 않게 된다. 기도하면 근심하지 않아도 된다. 희망이 있으면 낙담하지 않게 된다. 선한 생각을 하면 악한 생각을 안 할 수 있다. 하면 안할 수 있다.

신앙생활 4 _ 회개와 용서

나에게는 죄를 없애는 하늘나라 카드가 있다

나에게는
하늘나라 카드가 있다

　　　　신앙생활에 회개와 용서가 중요한 이유는 이것이 죄와 관련되어 있기 때문이다. 사람의 불행은 죄로 말미암아 생겼다. 인생이 비참한 것도 안으로 들어가 보면 그 가장 안쪽에 죄가 있다. 죄로 말미암아 사람은 이 세상에서 불행하게 살다가 죽어서는 지옥에 떨어져야 하는 비참한 신세가 되었다.

　죄 문제는 해결해야 한다. 죄 문제를 해결하는 것은 중대하면서도 시급한 일이다. 그러나 문제는 사람이 스스로 죄 문제를 해결할 수 없다는 것이다. 그래서 사람은 죄 앞에서 더욱 절망스러운 것이다. 이런 비참한 사람을 위해 하나님은 중대 결단을 하셨다. 사람이 해결할 수 없는 죄 문제를 하나님이 친히 해결해 주시기로 결정하셨다. 하나님은 그의 아들 예수 그리스도를 사람의 몸으로 이 땅에 보내셨다. 사람의 죄 문제를 해결해 주시기 위함이다. 사람이 죄로 말미암아 받아야 할 형벌을 그 아들 예수로 대신 받게 하셨다. 죄로 말미암아 사람이 죽어야 할 죽음을 예수님이 십자가에서 대신 죽으셨다. 이 십자가의 피로 우리의 모든 죄를 다 사해 주셨다. 다 용서해 주셨다.

　세상에 많은 종교가 있다. 종교마다 무엇이 죄인지 가르친다. "죄를 짓지 말라"고 가르친다. 죄에는 벌이 있는 것도 가르친다. 그리고는 "네 죄를 네가 해결하라"고 한다. 그러면서 나름대로 죄 문제를 해결할 수 있는 이런저런 방법들을 제시한다. 죄를 지은 만큼의 선행을 하게 하기도 하고 고행을 하게 하기도 한다. 문제는 이렇게 해서 죄 문제를 해결할 수 없다는 것이다.

그러나 기독교는 "네 죄를 네가 해결하라"고 하지 않는다. 하나님은 오히려 "너는 네 죄를 해결할 능력이 없다"고 말씀하시며 "네 죄를 내가 해결해 주겠다"고 하신다. 하나님은 "내가 내 아들 예수 그리스도의 피로 네 죄를 씻어 주겠다. 없애 주겠다. 다 용서해 주겠다. 너는 다만 내 아들 예수 그리스도를 믿기만 하라"고 말씀하신다. 이것이 기독교와 타종교와의 근본적인 차이다.

십자가 위에서 우리의 모든 죄를 용서하신 하나님은 우리에게 하늘나라 카드 두 장을 발급해 주셨다. 그것이 회개와 용서카드다.

우리에게 회개와 용서카드가 중요한 것은 우리를 구원하신 하나님이 우리를 곧바로 천국으로 데리고 가시지 않고 우리를 이 땅에 일정 기간 더 살게 하셨기 때문이다. 언제일지는 모르지만 저 천국에 가기까지 우리는 이 땅에서 살아야 한다. 이 땅에서 신앙생활을 해야 한다. 이 땅에서 사는 동안 예수님의 율법점수로 의롭다 함을 받은 우리는 우리의 행복을 위해 하나님이 주신 율법을 지켜야 한다. 그래야 행복하다. 그런데 문제는 역시 다 지키지 못한다는 데 있다. 100점과 우리 점수 사이에는 늘 갭gap이 있다.

어쩔 수 없이 갭이 있는 채로 그만큼의 불행은 감수하고 살아야 하는가. 이런 고민을 하게 된다. 이 고민을 해결해 주는 것이 회개와 용서다. 곧 이어질 회개와 용서에 대한 설명을 듣다보면 이 고민은 자연스럽게 사라질 것이다.

11장
하늘나라에서 발급 받은 카드 두 장

**78점이라면
22점만큼의 갭이 있다**

　　우리는 우리의 율법점수가 아니라 예수님의 율법점수로 의롭다 함을 받았다. 그럼에도 신앙생활을 하는 우리는 자원하여 율법을 지키고 있다. 구원받기 위해서가 아니라 구원받은 자로 살기 위해서다. 구원받지 못할까봐 두려워서가 아니라 구원 받은 것이 너무 감사해서다. 우리는 하나님의 뜻을 이루기 위해, 하나님의 나라를 이 땅에 건설하기 위해, 하나님이 주실 상을 받기 위해 기쁨으로 율법을 지키고 있다.

　의롭다 하심을 받은 후에 우리의 율법점수가 많이 올라갔다. 이것을 지키지 못하면 구원받지 못한다는 부담에서 벗어나니 율법을 조금은 더 잘 지킨다. 또한 성령님의 도움을 받다보니 율법을 지키는 것이 한결 수월해졌다.

하지만 우리는 여전히 율법을 100% 지키지는 못한다. 마음은 간절한데 몸으로는 그러지 못하는 안타까움이 있다. 그래도 가능하면 많이, 할 수 있으면 높은 점수를 받으려고 한다. 의무가 아닌 권리를 위해, 구원받기 위해서가 아니라 구원받은 자로 살기 위해서.

그럼에도 우리에게는 100점에서 우리 율법점수를 뺀 만큼의 갭이 있다. 만약 우리의 율법점수가 78점이라면 22점만큼의 갭이 있는 것이다. 구원받은 우리는 율법을 지킨 만큼 행복을 누리며 살고 있다.

이론상으로는 율법의 78%를 지켰다면 우리는 천국을 78%쯤 누리며 살 것 같다. 그런데 실제 해보면 그렇지 않다. 우리가 78%를 지키고 22%를 지키지 못했는데도 천국 대신 지옥을 경험할 때가 있다. 심지어는 95%를 지키고 5%를 지키지 못했을 때도 그럴 때가 있다. 대부분의 사람을 다 사랑하고 다만 한두 명을 미워하는데 이 한두 명 때문에 마음이 무겁고 힘들 때가 있다. 우리가 사랑하는 사람의 수는 수백, 수천 명인데 말이다.

이것은 아무래도 하나님의 율법 채점 방식 때문인 것 같다.

누구든지 온 율법을 지키다가 그 하나를 범하면
모두 범한 자가 되나니 간음하지 말라 하신 이가

또한 살인하지 말라 하셨은즉
네가 비록 간음하지 아니하여도 살인하면
율법을 범한 자가 되느니라. 약 2:10-11

이럴 때면 또 혼란스러워지고 답답해진다. 예수님의 율법점수로 의롭다 함을 받은 것이 죽은 다음에는 효력을 발휘하겠지만 지금 이 세상을 사는 데는 소용이 없는 것 같이 느껴지기 때문이다.

그래서
회개와 용서카드가 필요하다

　　　100점에서 우리가 맞은 율법점수를 빼고 난 그 갭이 실은 죄罪다. 죄에는 벌이 있다. 죄는 사람 안에 있는 심령의 낙을 앗아간다. 내가 지은 죄든 다른 사람이 내게 지은 죄든 죄는 우리를 불행하게 한다. 자신이 지은 죄 때문에 심령으로 낙을 누리지 못하는 사람이 있고 다른 사람이 지은 죄 때문에 불행하게 사는 사람도 있다.

　이런 마음이 들 수 있다. 우리는 죽은 후에는 천국에 가지만, 이 세상에 사는 동안에는 어쩔 수 없이 100점에서 우리가 맞은 율법점수를 뺀 나머지만큼의 불행은 감수하고 살아야 하는 운명인가. 이런 생각이 들면 좌절감이 밀려온다. 이런 좌절은 신앙생활을 하는 중에도 경험할 수 있다.

하나님은 이런 우리를 위해, 저 완전한 천국에 이르기까지 이 땅에서 일정기간을 더 살아야 할 우리를 위해 하나님이 은혜를 주셨다. 100점과 우리 율법 점수 사이의 갭을 채우는 은혜다. 100점에서 우리가 맞은 점수를 뺀 나머지만큼을 채워 100을 만들 수 있는 은혜를 주셨다. 그것이 회개와 용서다.

예수를 믿는 우리에게 하나님이 주신 것들이 많다. 다 소중하고 특별하지만 그중에도 빼어나게 특별한 것이 회개와 용서다. 회개와 용서는 죄를 없앨 수 있는 놀라운 은혜이고 능력이다.

죄를 없애는 것, 이것은 하나님의 전권이다. 그런데 하나님이 예수를 믿는 우리에게 이 죄를 없앨 수 있는 하늘나라 카드 두 장을 발급해 주셨다. 카드가 두 장이 필요한 것은 죄가 둘이기 때문이다. 내가 지은 죄가 있고 다른 사람이 지은 죄가 있다. 자신이 지은 죄를 없애는 카드는 회개이고 다른 사람이 지은 죄를 없애는 카드는 용서다.

먼저 성경을 통해
카드 발급 사실부터 확인하라

"만일 우리가 우리 죄를 자백하면 그는 미쁘시고 의로우사 우리 죄를 사하시며 우리를 모든 불의에서 깨끗하게 하실 것이

요."요일 1:9

이것은 자신의 죄를 없애는 회개카드다.

"너희가 누구의 죄든지 사하면 사하여질 것이요 누구의 죄든지 그대로 두면 그대로 있으리라 하시니라."요 20:23

이것은 다른 사람의 죄를 없애는 용서카드다.

성경은 예수를 믿는 우리에게 이 두 개의 카드가 있다는 사실을 분명히 증거하고 있다. 예수를 믿는 모든 사람은 누구나 이 카드 두 장을 받았다. 혹시 예수 믿는데 이 카드를 수령하지 못한 사람이 있으면 하나님께 연락하면 된다. 하나님이 이미 카드를 발급해서 배송까지 해줬음을 확인해 주실 것이다. 그러고는 "네 마음의 지갑을 열어보라"고 하실 것이다.

카드를 받았으면 사용해야 한다. 용도대로 잘 사용해야 한다. 1억을 넣어서 쓰라고 준 카드를 구둣주걱으로 사용하면서 굶고 지내는 것은 안타까운 일이다. 이 하늘나라 카드는 너무나 좋은 카드인데 사람들에게 한도 300만 원짜리 신용카드보다도 홀대 받는 것이 안타깝다.

사용하지 않는 카드는
소용이 없다

사람이 죄를 짓고 회개카드로 그 죄를 없애지 않으면 그는 죄책감과 죄의식에 사로잡혀 고통스러운 삶을 살게 된다. 이것이 심해지면 정신적인 질환으로 이어지기도 한다.

다른 사람의 죄는 나와 상관없을 것 같지만 그렇지 않다. 다른 사람의 죄를 용서카드로 없애지 않으면 그 사람의 죄가 내 안에 들어와 머물게 된다. 내가 지은 죄가 아니라 그가 지은 죄이지만 그 죄가 내 안에서 나로 분노하게 하고 나를 우울하게 하고 나를 힘들게 한다.

믿어도 죄를 없애지 않으면 죄의 영향을 그대로 다 받는다. 예수를 믿어도 회개와 용서 카드로 죄를 없애지 않으면 불행하다. 죽어서는 천국 가도 살아서는 불행하다.

이 카드를 사용하면 우리는 이 세상에서 사는 동안에도 율법점수 100점의 은혜를 만끽할 수 있다. 분명 율법을 다 지키지 못했음에도 율법을 다 지킨 자의 환희와 기쁨을 누리며 살 수 있다.

우리가 율법을 지키지 못한 만큼이 죄다. 그 죄를 회개하고 용서하면 그 갭이 사라진다. 검은 색이던 그 갭이 우리의 율법 점수와 같은 흰색으로 채워진다. 모두가 하얗게 된다. 그래서 우리가 죄를 지었을 때 불안하고 불편하던 마음이 회개하고 나면 바로 편안해지는 것이다.

용서와 회개 카드를 쓰지 않은
야곱과 그의 세 아들의 불행

야곱은 죽을 때가 되자 열두 아들들을 불러 그들 각자에게 마지막 말을 남겼다.

큰아들 르우벤에게 '너는 권능이 탁월하다마는 너는 탁월하지 못할 것'이라고 말했다. 야곱이 큰아들에게 이렇게 말한 것은 그가 서모庶母와 통간했기 때문이다. 야곱은 큰아들이 서모와 통간했다는 이야기를 들었을 때 그를 불러다 책망을 하거나 징계를 하지 않고 그것을 그냥 자신의 마음에 담았다. 그런 채로 수십 년이 흐른 것이다. 수십 년이 흐르는 동안에도 아들의 죄는 야곱의 마음을 떠나지 않았다. 그러다 그의 나이 147세, 죽음을 목전에 둔 순간에 그만 그것이 아들을 향해 쏟아져 나온 것이다.

둘째와 셋째 아들인 시므온과 레위에게 야곱은 "그 노여움이 혹독하니 저주를 받을 것이고 분기가 맹렬하니 저주를 받을 것"이라고 저주했다. 아무리 사이가 안 좋은 사람들이라도 헤어질 때는 그래도 덕담을 한다. 그런데 아버지가 아들에게 마지막으로 남긴 말이라고 믿기 어려운 말을 야곱은 아들들에게 했다. 야곱은 돌려 말하지 않고 직접적으로 두 번씩이나 "그들이 저주를 받을 것"이라고 했다.

야곱이 이렇게 말한 이유가 있다. 야곱이 외삼촌 집에서 20년을 보내고 고향으로 돌아가는 길에 세겜 성에 들렸다. 그때 그 성의 추장인 세겜이 야곱의 딸 디나를 보고 강간하는 사건이 일어났다. 이 소식을 들은 야곱의 아들들이 청혼을 하려고 찾아온 세겜에게 할례를 받으면 청혼을 받아들이겠다고 속였다. 세겜과 그 성 남자들이 다 할례를 받았다. 3일 후에 시므온과 레위가 칼로 그 성 남자들을 다 죽였다. 아버지 야곱이 이 일로 두 아들을 책망했다. 그때 시므온과 레위는 아버지의 꾸지람을 받아들이지 않았다. "그가 우리 누이를 창녀 같이 대우함이 옳으니이까?" 아버지의 책망에 이의를 제기하며 자신들이 한 일을 정당화했다. 야곱은 이것도 마음에 담아 두었다. 이것이 죽음을 앞두고 그의 입에서 두 아들을 향한 저주가 되어 나온 것이다.

용서카드를 쓰지 않은 야곱

야곱은 용서카드를 쓰지 않았다. 그는 큰아들 르우벤의 죄와 시므온과 레위의 죄를 자신의 마음에 담아 두었다. 그것이 그만 마지막 순간에 아들들을 향한 저주가 되어 나왔다. 다른 사람도 아닌 아들을 향해 이렇게 말하는 것은 부모에게도 불행한 일이다. 자신이 낳은 아들을 향해 저주하고 생을 마감하는 것은 안타까운 일이다.

"이 야곱의 불행은 어디서 시작되었을까?"

아들의 죄를 자신의 마음에 담아 둔 것에서부터 시작되었다. 죄는 사람을 불행하게 한다. 그것이 내 죄든지, 아니면 다른 사람의 죄든 지 상관없이 죄는 우리를 불행하게 한다. 르우벤이 한 일이나 시므온 과 레위가 한 일은 죄다. 이것은 야곱의 죄가 아니라 야곱의 아들들 의 죄다. 그러나 야곱이 그 죄를 용서하지 않음으로 그 죄가 야곱의 마음에 들어온 것이다. 야곱은 마음 안에서 아들을 용서했어야 했다. 아니면 아들을 불러 "네가 어떻게 그럴 수 있느냐"고 야단을 치고 풀 어야 했다. 용서하고 죄를 없애야 했다. 그러나 안타깝게도 야곱은 아들들의 죄를 용서하지 않고 마음에 품었다. 풀어 버리지 않고 품었 던 아들들의 죄가 그 자신을 불행하게 한 것이다.

회개카드를 쓰지 않은
야곱의 세 아들

야곱의 세 아들은 회개카드를 쓰지 않았다. 르우벤과 시므 온 그리고 레위는 안타깝게도 자신들의 죄를 지니고 살았다. 그 어디 에도 그들이 자신의 죄를 회개했다는 기록이 없다. 아버지가 듣고 아 무 말을 하지 않았다고 해서 죄가 사라진 것이 아니다. 르우벤은 서 모를 통간한 일로 양심이 자신을 괴롭게 할 때, 하나님께 회개하고 아버지를 찾아가 용서를 빌었어야 했다. 시므온과 레위 역시 죄를 정당화할 것이 아니라 회개했어야 했다. 차후에라도 아버지를 찾아가 회개했어야 했다. 하지만 안타깝게도 이들은 회개하지 않았다. 자신들이 지은 죄를 없애야 했는데 그들은 그 죄를 지닌 채로 살았다. 그 죄로 인해 불행히도 아버지에게 저주를 받게 된 것이다.

12장
내가 지은 죄를 없애는
회개 카드 사용설명서

회개의 지정의 知情意

우리가 잘못한 것을 하나님께 고할 때는 '회개' 라고 한다. 사람과의 사이에서는 '사과' 라고 한다. 혹은 잘못을 시인하고 용서를 구한다고 한다.

"회개는 어떻게 하는 것일까?"

회개를 하기 위해서는 먼저 자신이 죄 지은 것을 알고 그것을 인정해야 한다. 이것은 회개의 지성적인 요소다. 두 번째는 죄에 대해 슬퍼하며 애통하는 마음이 있어야 한다. 감정의 변화가 있어야 한다. 하나님의 뜻대로 하는 근심이 있어야 한다. 이것은 회개의 정서적인 요소다. 세 번째는 죄에서 돌아서야 한다. 죄를 버려야 한다. 죄를 끊어야 한다. 하나님께 자기의 죄를 자백하며 용서를 구해야 한다. 입을 열어 자백해야 한다. "하나님, 제가 이런 죄를 지었습니다. 이 죄를 용서해 주세요." 이것은 회개의 의지적인 요소다. 회개는 이 세 가지 요소를 다 포함해야 한다.

회개하면 하나님이 그 죄를 사해 주신다. 빽빽한 구름 같던 죄가 다 사라진다. 없어진다. 자신이 지은 죄를 없애는 유일한 길이 회개다. 사람은 일반적으로 죄를 짓고도 회개하기보다는 핑계를 대고 합리화하고 정당화하려는 속성이 있다. 그러나 죄는 이렇게 한다고 없어지지 않는다.

회개하기 위해서는 힘이 필요하다. 죄를 죄라고 인정하고 그 죄에서 돌아서는 것은 어떤 의미에서 보면 큰 용기고 결단이다. 사람이 스스로 이 일을 하기는 쉽지 않다. 성령의 도움을 받아야 회개가 쉽다.

곧바로 일시불로 결제하라!

우리는 생각과 말, 행동으로 수시로 죄를 짓는다. 죄를 지을 때마다 회개해야 한다. 그것이 죄라는 것을 알게 된 순간 우리는 회개해야 한다. 회개할 것을 모아 둘 필요가 없다. 하루의 회개를 저녁에 모아서 할 필요가 없다. 일주일 치 회개를 금요일이나 주일까지 모았다가 교회에 가서 해야 하는 것도 아니다.

언제 어디서라도 내가 죄를 지었다는 것을 아는 순간 우리는 회개할 수 있다. 회개해야 한다. 하나님께 회개하듯이 경우에 따라서는 사람들에게도 우리의 잘못을 고백하고 용서를 구해야 한다. 잘못했다고 느껴지면 바로 회개해야 한다. 즉각 사과해야 한다. 용서를 구해야 한다. 부분적으로 회개하고 부분적으로 용서하지 말로 다 회개하고 다 용서해야 한다.

사과를 하고 잘못했음을 인정하고 용서를 구한다고 해서 사람이 작아지지 않는다. 그런데도 그 말하기가 그리 쉬운 일은 아닌 것 같다. 주위에서 아무리 화해를 시키려고 해도 안 되는 경우가 있다. 자녀를 향해서 잘못했다고 한번만 말해 주면 자녀의 상처가 치료될 것 같아 부탁을 해보지만 아버지가 어떻게 자식에게 사과를 하느냐고 반문하면서 안 한다. 엄마가 어떻게 자식에게 용서를 구하느냐고 항변한다.

잘못했으면 회개해야 한다. 하나님 앞에서뿐만 아니라 사람 앞에서도 그렇다. 그 사람이 나이가 많든 적든 윗사람이든 아랫사람이든 우리는 사과해야 한다. 회개해야 죄가 없어진다.

카드 영수증을 보관하라

　카드로 결제하면 영수증을 준다. 영수증은 버릴 수도 있고 모아 둘 수도 있다. 모아두는 이유는 나중에 착오가 생기거나 이중 처리가 되었을 때 증거자료가 되기 때문이다.

　하나님이 발급해 주신 카드는 착오가 전혀 없는 카드다. 이중 청구도 없다. 한 번 결제하면 영원히 추가 결제 요구가 없다. 그럼에도 카드 영수증을 잘 보관하라고 하는 이유가 있다. 쓸 곳이 있기 때문이다. 그 영수증을 언제 사용하는지, 그것은 잠시 후에 알게 될 것이다.

속죄카드 속건카드

　죄 중에는 하나님께 회개하고 용서받은 것으로 끝나는 죄가 있다. 반면 하나님께 회개하고 용서를 받는 것과 더불어 피해 당사자에게도 배상하고 용서를 받아야 하는 경우도 있다. 제사 중에 속죄제가 있고 속건제가 있는 이유다. 속죄제와 속건제는 비슷하지만 차이가 있다. 두 제사가 다 죄를 지었을 때 드리는 제사로 오늘의 회개와 같은 의미다. 차이는 속건제는 그 잘못에 대해 하나님께 회개할 뿐 아니라 피해 입은 사람에게 1/5을 더해 배상해야 한다는 것이다. 회개 카드를 사용할 때는 이 둘을 잘 구분할 필요가 있다.

하나님께 고백하고 용서받은 것으로 충분한 일을, 굳이 사람에게 찾아가 용서를 구하려다 오히려 상대의 마음을 불편하게 할 수 있다. 혹시 어떤 사람이 나를 미워했다고 하자. 그런데 나는 그것을 모르고 지내고 있었다. 어느 날 성령님이 그에게 나를 미워한 것을 회개하게 하셨다. 그는 회개했다. "하나님, 목사님을 미워한 죄를 용서해 주세요." 하나님이 용서해 주실 것이다. 그러면 됐다. 굳이 나를 찾아와 "그동안 목사님을 미워했습니다. 이 죄를 용서해 주세요"라고 고백할 필요 없다. 교회 다니다 보면 목사 미워질 때가 왜 없겠는가. 그러다 또 좋아지기도 하는 것 아니겠는가. 미워한 것이 깨달아지면 회개하면 된다. 그렇게 하고 아무 일 없었다는 듯이 웃으며 지내면 된다.

그러나 상대가 알도록 상대를 미워한 경우는 다르다. 미워하는 것을 상대도 느끼고 주변 사람들도 느끼도록 드러낸 상태라면 그것을 하나님 앞에서 회개하고 상대에게도 미안하다고 하는 것이 필요하다. 또한 그것을 알고 있는 사람들에게도 그 일을 회개하고 사과했음을 자연스럽게 이야기하는 것도 필요하다. 만약 다른 사람의 차를 상하게 했다면 당연히 배상해야 한다. 주차장에서 차를 빼다 옆 차를 상하게 해 놓고 새벽기도 가서 회개만 하고 끝내선 안 된다. 그 차에 미안하다는 메모를 붙이고 수리를 해줘야 한다.

카드 사용내역,
공개할까 말까?

성경은 비밀을 인정한다. "비밀을 지켜주라"는 것이 성경의 가르침이다. 다른 사람의 비밀뿐 아니라 자신의 비밀도 지켜줄 필요가 있다. 우리가 죄를 지었을 때, 때로는 서로 그 죄를 고하며 회개해야 하는 경우도 있다. 그러나 회개라는 형식으로 자신이나 다른 사람의 비밀을 드러내지 않도록 주의해야 한다.

어떤 사람이 이성을 보고 음욕을 품었다면 이것은 분명 죄다. 회개해야 한다. 그러나 이런 경우라면 하나님 앞에 회개하면 된다. 하나님께 회개하고 나서 당사자를 찾아가 "내가 당신을 향해 음욕을 품었었는데 용서해 달라"고 하면 그가 얼마나 당혹스럽겠는가.

결혼 전에 성적 순결을 유지하는 것이 하나님의 뜻이다. 그런데 그렇지 못한 경우가 있을 수 있다. 이 부분에서 죄를 지었다면 배우자를 만나 결혼하게 된 후에 어떻게 해야 하는가. 배우자에게 지난날 자신이 지은 죄를 다 고하고 그의 용서를 받아야 할까. 이렇게 하는 것이 과연 자신이나 배우자에게 유익이 되고 그를 위하는 일일까.

성경은 그리스도인들에게 진실하고 정직하라고 말하고 있다. 하지만 이것이 그가 알고 있는 모든 것을 다 말하라는 뜻은 아니다. 자신이 알고 있는 모든 것을 다 말하는 것이 진실을 말하는 것이라고 오해해서는 안 된다.

사람은 망각의 존재다. 사람은 잘 잊어버린다. 그런데 참으로 잊히지 않는 것도 있다. 그중에 하나가 배우자의 과거 같은 것이 아닐까 싶다. 어쩌면 그것은 평생 그를 따라다니며 괴롭힐지 모른다. 순간순간 불쑥불쑥 찾아오는 그 생각 때문에 배우자와의 관계가 무척 힘들 수도 있다. 배우자의 활짝 웃는 얼굴 속에 그 일이 겹쳐 보일 수도 있다. 이런 경우는 하나님께 회개하고 하나님의 용서를 받은 것으로 자유 해야 한다.

심령으로 낙을 누리며 살기 위해서는 하나님께 회개하고 말아야 할 죄와 사람에게도 용서를 구해야 할 죄, 이 둘을 잘 구분하는 지혜가 필요하다.

진짜 회개가
아니었나

우리가 죄를 지었을 때 찾아와 죄를 깨닫게 하시는 분, 그분은 성령이시다. 이때는 즉각 죄를 자백하고 회개하면 금방 마음이 편안해진다.

때로 사탄은 성령을 가장해 우리를 찾아온다. 사탄은 우리가 이미 자백하고 회개함으로 용서받은 죄를 다시 회개하게 한다. 이럴 때 그것이 성령을 위장한 사탄임을 깨닫지 못하고 사탄에게 당하는 경우가 많다.

"하나님이 아직 그 죄를 용서하지 않으셨나? 하나님이 보시기에 내가 한 회개가 진정한 회개가 아니었나? 내가 겉으로만 한 회개였나?"

이렇게 근심하며 괴로워하다 또 회개한다. 이것은 사탄에게 당한 것이다.

우리가 이미 회개하고 용서받은 죄는 잊어야 한다. 하지만 그것이 기억날 수 있다. 이때는 서둘러 그 죄에 대해 이미 회개했고 용서 받았음을 자신에게 말해줘야 한다. 그리고 그 생각을 중단시켜야 한다. 그래야 또다시 죄책감과 죄의식에 빠지지 않는다. 그래야 회개한 죄를 또 회개하게 하는 사탄에게 당하지 않을 수 있다.

카드 영수증을 보여주라

앞에서 카드 영수증을 잘 보관하라고 했다. 쓸모가 있을 것이라고 했는데 바로 이때다. 보이스피싱 전화가 걸려오는 것처럼 사탄이 이미 회개하고 용서받은 죄를 다시 기억나게 할 때, 청구권도 없는 사탄이 이미 지불한 것을 또다시 청구할 때 카드 영수증을 제시할 필요가 있다.

이해를 돕기 위해 만든 예다. 어느 분이 처녀 때 물레방앗간에서 무슨 일이 있었다. 이분이 예수를 믿고 그것이 죄인 것을 깨달았다. 회개했다. 그러면 됐다. 그런데 만약 이분이 이 죄를 계속 회개한다면 어떻게 될까. 부흥회 첫날은 회개의 밤이다. 그날이 되면 이분은 '물레방아를 돌릴 것'이다. 이분에게 춘계 추계 부흥회 첫날은 물레방아 돌리는 날이 될 것이다. 만약 이렇게 한번 지은 죄를 평생 회개하고 있다면, 부흥회 때마다 수십 년간 한 번도 빼놓지 않고 "물레방아, 물레방아"하면서 그 처녀 때 일을 회개하고 또 회개한다면…… 이것은 안타까운 일이다.

우리는 속지 말아야 한다. 성경은 우리에게 분명하게 선포한다.

"만일 우리가 우리 죄를 자백하면 그는 미쁘시고 의로우사 우리 죄를 사하시며 우리를 모든 불의에서 깨끗하게 하실 것이요." 요일 1:9

"내가 그들의 불의를 긍휼히 여기고 그들의 죄를 다시 기억하지 아니하리라 하셨느니라." 히 8:12

우리가 회개한 죄를 하나님은 다시 기억도 하지 않으신다. 하나님도 기억하지 않으시는 일을 계속 들고 나가 하나님의 기억을 되살리려고 애쓰는 것은 어리석은 일이다. 회개는 디다익선이 아니다. 이미 회개한 죄를 또다시 회개할 필요가 없다. 사탄이 이미 회개한 죄를 또 기억나게 할 때는 다시 회개하는 대신 단호하게 선포해야 한다.

"사탄아, 물러가라. 나는 이미 그 죄를 회개했고 그 죄에서 사함 받았다."

 우리가 회개함으로 이미 용서받은 죄를 계속 회개하게 하는 사탄의 전략은 우리로 하여금 창조적인 기도를 하지 못하게 하려는 것이다. 우리가 열방과 세계를 품고 기도하는 것을 막고 하나님이 주신 꿈과 비전을 위해 기도할 틈을 주지 않기 위함이다. 우리의 기도 시간을 빼앗아가기 위한 속셈이다. 우리를 죄에서 자유하지 못하게 해서 우리로 하여금 평생을 죄책감과 죄의식 속에서 고통당하게 하려는 것이다.

회개한 과거는 사라진다

 설교 중에 자신이 지난 날 지은 죄가 언급될 수 있다. 과거에 도둑질을 일삼던 사람이 교회에 나왔다. 즐겁게 교회를 다니는데 어느 날 설교 중에 "도둑질하지 말라"는 말이 나왔다. 과거에 바람을 피운 적이 있는 이가 예수 믿고 교회에 나왔다. 그런데 설교 중에 음행이 얼마나 해로운지를 성경을 들어 설명하며 "간음하지 말라"는 내용이 나왔다. 과거에 살인하고 교도소에 갔던 이가 만기 출소 후에 교회에 나왔다. 하필이면 그 날이 십계명 강해하는 날인데 제목이 "살인하지 말라"다. 과거에 부모를 대적하며 부모에게 대들기를 일삼던 사람이 교회에 나왔다. 그날 설교 본문이 "아비를 조롱하며 어미 순종하기를 싫어하는 자의 눈은 골짜기의 까마귀에게 쪼이고 독수리 새끼에게 먹히리라"다. 성격 차이로 이혼한 사람이 교회에 나왔다. 설교 중에 "배우자가 음행한 연고 외에는 이혼하지 말라"는 내용이 나왔다.

사실 사탄은 바로 이런 순간을 노리고 있다. 이런 상황에서 사탄은 설교를 듣는 사람에게 과거 자신이 지었던 죄를 다시 기억나게 해서 괴롭힌다. 죄책감에 시달리게 한다. 죄의식에 사로잡히게 한다. 이미 지나간 과거의 일인데도 마치 지금 그 죄를 짓고 있는 것처럼 자신을 정죄한다. 이렇게 되면 설교가 부담스러워진다. 설교자가 자신을 정죄하는 것으로 느껴진다. 설교자가 싫어진다. 교회 나가는 것이 싫어진다. 이것은 사탄에게 당한 것이다. 사탄에게 당하지 말아야 한다.

만약 당신이 이런 경우라면 먼저 이 죄를 회개한 여부를 살펴봐야 한다. 만약 회개하지 않았다면 회개해야 한다. 아무리 오래된 일이라 할지라도 아직 회개하지 않았다면 회개해야 한다. 죄는 오래되었다고 해서 자연 소멸되는 것이 아니다.

하나님은 회개하면 용서해 주신다. 하나님이 그 설교를 당신에게 듣게 하신 이유는 회개하고 앞으로 그런 죄를 짓지 말게 하시려는 것이다. 그리고 지금도 그 죄가 자신에게 계속되고 있는지 살펴봐야 한다. 만약 지금도 죄가 계속되고 있다면 즉각 회개하고 그 죄에서 떠나야 한다. 그 죄로부터 떠날 힘을 달라고 하나님께 구해야 한다.

만약 이미 회개한 일이라면 자유하고 당당해야 한다. 과거에 당신이 그런 잘못을 했다고 하자. 실제로 그 죄를 지었다. 예수를 믿고 그것이 죄인 줄 알았다. 그래서 회개했다. 그랬다면 당신은 자유해도 된다. 하나님이 이미 당신의 죄를 용서하셨기 때문이다. 설교 중에 사탄이 찾아와 당신이 회개한 죄를 기억나게 할 때 카드 영수증을 내보이며 사탄을 향해 외쳐야 한다.

"사탄아! 그래, 내가 그랬다. 내가 도둑질했다. 바람났었다. 부모에게 대들었다. 비판을 일삼고 살았다. 내가 살인했다. 내가 이혼했다. 그렇다. 그 죄를 내가 지었다. 하지만 나는 그 죄를 하나님께 고했다. 회개했다. 하나님이 그 죄를 다 사해 주셨다. 다 용서해 주셨다. 나는 죄 사함 받았다. 이제 나는 더 이상 죄인이 아니다. 사탄아, 더 이상 나를 괴롭게 하지 말고 떠나가라."

이렇게 사탄을 향해 당당하게 외쳐야 한다. 그리고 다시 그 죄를 짓지 않으면 된다. 다시 그 길로 가지 않게 해달라고 하나님께 구하면 된다.

하나님은 우리의 진홍 같이 붉은 죄, 주홍 같이 붉은 죄도 회개하면 양털 같이 흰 눈 같이 희게 해 주시는 분이다. 하나님은 우리가 회개한 과거의 죄를 기억하지 않으신다.

당당하게 살아도 된다. 마치 그런 죄를 지은 적이 없던 것처럼 살

아도 된다. 속죄하는 마음으로 살지 말고 속죄 받은 자로 살아야 한
다. 어둡게 살지 말고 밝게 살아야 한다. 고개 숙이지 말고 고개 들고
살아도 된다.

"누가 능히 하나님께서 택하신 자들을 고발하리요 의롭다 하신 이
는 하나님이시니 누가 정죄하리요." 롬 8:33-34a

기억해야 한다. 회개하는 순간 당신의 과거는 사라진다. 어떤 장면
을 촬영한 필름이라 할지라도 빛이 들어가는 순간 그 필름 속에는 아
무것도 남지 않는다. 이것이 죄 사함의 은혜다.

용서의 근거는
감정이 아니다

하나님이 용서해 주신 것이 마음으로 느껴질 때까지 회개해
야 한다고 생각하는 사람이 있다. 이런 경우 죄를 지으면 하나님 앞
에 나가 밤새도록 그 죄를 하나님께 고하며 용서해달라고 회개한다.
하룻밤이 지났는데도 마음으로 하나님이 용서해 주신 것이 느껴지지
않으면 다음 날 또 한다. 그러다 어느 순간 마음에 "아, 이제는 하나
님이 용서해 주셨구나" 하는 사인이 오면 그제야 회개 기도를 그친
다. 어떻게 보면 철저하게 회개하는 모델케이스 같아 보일 수도 있다.
우리가 회개할 때 우리의 죄를 통회하며 자복하는 것은 필요하다.

그러나 중요한 것은 우리의 죄가 용서받았음을 우리가 확신하는 근거는 하나님의 말씀이라는 사실이다. 만일 우리가 우리 죄를 자백하면 저는 미쁘시고 의로우시 우리 죄를 사하실 것이라는 성경이 우리가 용서받았음을 확신하는 근거다.

우리의 감정이 근거가 아니다. 우리가 우리 죄를 자백하기만 하면 하나님은 예수 그리스도의 피로 우리 죄를 사하여 주신다. 완전하게 사해 주신다. 이 말씀에 근거해 죄를 자백한 후에는 용서받은 확신을 가져야 한다. 하나님은 말씀하신다.

"내가 네 허물을 빽빽한 구름 같이 네 죄를 안개 같이 없이하였으니 너는 내게로 돌아오라. 내가 너를 구속하였음이니라." 사 44:22

이것이 하나님의 은혜다. 우리를 향한 하나님의 사랑이다. 그래서 미가 선지자는 이렇게 찬양했다.

"주와 같은 신이 어디 있으리이까. 주께서는 죄악과 그 기업에 남은 자의 허물을 사유하시며 인애를 기뻐하시므로 진노를 오래 품지 아니하시나이다. 다시 우리를 불쌍히 여기셔서 우리의 죄악을 발로 밟으시고 우리의 모든 죄를 깊은 바다에 던지시리이다." 미 7:18-19

13장
다른 사람이 내게 지은 죄를 없애는 용서 카드 사용설명서

누가 인생을
잘 사는 것인가

"너희가 누구의 죄든지 사하면 사하여질 것이요 누구의 죄든지 그대로 두면 그대로 있으리라 하시니라." 요 20:23

이것은 하나님이 주신, 다른 사람의 죄를 없애는 용서카드다.

자기 자신과 사이가 좋지 못한 사람들이 있다. 이런 사람은 자기 자신이 못마땅하다. 자신에게 불만이 많다. 자신이 싫다. 외모도 성격도 기질도 다 싫다. 자신을 미워하고 증오한다.

자신과 이런 관계를 맺으면 그 안에서 분노가 생성된다. 우울과 무기력이 그 안에 자리 잡는다. 그는 슬픈 사람이 된다. 자주 자기 연민에 빠진다. 세상에서 가장 불쌍한 사람이 자신이라고 생각한다. 원망과 불평이 그의 친구가 된다. 분노는 비서가 된다. 안타까운 것은 자기 자신과 관계가 좋지 않은 사람은 다른 사람과도 대개 좋은 관계를 맺지 못한다는 점이다.

사람이 자기 자신과 이런 관계를 맺게 된 데는 다 이유가 있다. 사정이 있다. 사건이 있다. 그것은 대부분 다른 사람과의 관계에서 받은 상처 때문이다. 누군가 자신을 향해서 했던 말이 폐부에 박혀 있기 때문일 수 있다. 어떤 사람이 자신에게 했던 행동이 큰 상처가 되어 남아 있을 수도 있다. 어린 시절 받은 상처일 수도 있고 청소년기에 받은 상처일 수도 있다. 근래에 받은 상처일 수도 있다. 다른 사람과의 관계에서 받은 상처들이 자신 안에서 안타깝게도 자신과 자신의 관계를 망가뜨린 것이다.

이 상처는 사람 안에 잠재되어 있기도 하지만 다른 사람에 대한 증오로 나타날 수 있다. 자신에게 상처를 준 사람을 향한 미움과 분노가 엉뚱하게 다른 사람에게 그대로 나타날 수 있다. 자신에게 상처를 준 사람이 아버지인 경우 그는 까닭 없이 권위자를 보면 도전하게 된다. 대들고 싶어진다. 권위에 순복하는 것이 가장 어려운 사람이 될 수 있다. 심지어는 자신에게 상처를 준 사람이 키가 컸다면 키 큰 사람만 봐도 화가 날 수 있다. 목소리가 닮았다는 이유 하나만으로 싫어하고 미워하는 경우도 있다.

상처가 있는 사람, 안쓰럽고 안타까운 사람이다. 이해해줘야 한다.

기도해줘야 한다. 얼마나 고통스럽겠는가. 그러나 상처가 있는 사람은 자신의 상처를 방어기제로 삼는 어리석음은 피해야 한다. 조금만 상황이 어려워지면 상처를 꺼내 들어선 안 된다. 상처를 무기 삼아선 안 된다. 그 상처를 바라보며 자기 연민에 빠져서도 안 된다. 그 상처로 다른 사람을 공격하는 것을 정당화해서도 안 된다.

상처는 치료받아야 한다. 자라면서 상처 안 받고 자란 사람이 어디 있겠는가. 집에서든 학교에서든 사회에서든 이런저런 상처를 받았을 것이다. 그중에는 버림받아 상처를 받은 사람도 있고 술에 취해 폭력을 휘두른 아버지로부터 받은 상처가 있는 사람도 있을 것이다.

모두 상처가 있다. 그 상처를 치료받아 성숙하고 아름다운 인생을 사는 사람이 있는가 하면, 그 상처를 끌어안고 모든 것을 그 상처 탓으로 돌리며 인생을 허비하고 우울한 얼굴로 분노를 표출하며 사는 사람도 있다. 누가 인생을 잘 사는 것인가.

상처 치료비는
용서카드로 결제하라

용서하면 끝난다. 용서하면 상처는 아문다. 흔적도 남지 않는다. 그런데 왜 용서하지 않고 고통을 겪고 있는가. 그럴 이유가 없다. 수없이 많이 용서했는데도 좀처럼 용서가 안 된다고 한탄하는 이들이 있다. 왜 그렇게 용서를 여러 번 하는가. 이미 용서한 일로 다시 분노하는 것은 회개한 일을 또 회개하는 것과 같이 사탄에게 당하는 것이다.

자신에게 죄를 지은 사람을 용서했다. 그 후에 마음에 평화를 누리고 있는데 어느 순간 또 그 죄가 생각날 수 있다. 그러면 마음의 평화가 깨진다. 다시 화가 나고 내게 죄를 지은 사람이 미워진다. 이미 용서했던 그 사람의 잘못을 또 누군가를 붙잡고 흉을 본다. 사탄에게 당하고 있는 중이다. 주기적으로 사탄은 내가 이미 용서한 그 사람의 잘못을 기억나게 한다.

이럴 때는 지금 내가 사탄에게 당하고 있는 것은 아닌지 살펴볼 필요가 있다. 이미 회개한 죄를 거듭 회개시키는 것으로 재미 본 사탄은 용서도 이용하려고 한다. 이미 용서한 사람과 용서한 죄를 다시 기억나게 하는 것 역시 사탄의 주특기다. 사탄은 회개한 것을 다시 기억나게 해서 우리를 죄책감과 죄의식에 사로잡히게 하듯이 이미 용서한 것을 다시 기억나게 해서 우리로 분노케 한다.

이미 용서한 죄, 이미 용서한 사람이 다시 기억나면 사탄을 향해 외쳐야 한다.

"나는 이미 그를 용서했다!"

회개한 죄를 또 회개하는 어리석은 인생을 사는 사람이 있듯이 용서한 죄를 또 기억하고 분노하는 사람이 있다. 어서 사탄의 전략에서 벗어나야 한다. 용서는 한 번으로 족하다. 이제 더 이상 사탄에게 당하지 말아야 한다. 용서는 잊는 것이다. 용서한 것은 기억하지 않아야 한다. 재론하지 말아야 한다. 화제 삼지 말아야 한다. 만약 당신이 용서했는데 그것을 계속 화제 삼고 있다면 아직 용서하지 않았거나 사탄에게 당하고 있는 것이다.

나는,
나를 위해 너를 용서한다

어려서 받은 상처든 얼마 전에 받은 상처든 용서하면 그 상처가 치료된다. 혹시 어떤 사람이 끔찍한 일을 당했다고 하자. 그것이 안에서 큰 상처가 되었을 것은 자명한 일이다. 그가 만약 평생을 그 받은 상처 때문에 우울하게 살고 분노하며 산다면 손해는 누가 보는 것인가. 어떤 사람들은 "내가 어떻게 그를 용서하느냐"며 억울해하면서 되묻는다.

"누구 좋으라고 내가 용서해요?"

하나님이 우리의 죄를 사하여 주신다는 약속이 성경에 많다. 다음은 그중에 하나다.

"나 곧 나는 나를 위하여 네 허물을 도말하는 자니 네 죄를 기억하지 아니하리라." 사 43:25

이 말씀 중에 주목해야 할 것은 하나님이 '나는 나를 위하여 네 허물을 도말하는 자'라고 하신 부분이다. 우리는 보통 죄 용서를 '나를 위해서'가 아니라 '너를 위해서'라고 생각한다. 그렇다. 우리는 '너를 위해서'도 용서해야 한다. 또한 용서는 나를 위한 것이다. 우리 자신을 위해서 우리는 용서해야 한다. 용서하지 않으면 나는 계속 그 고통을 겪어야 한다. 용서하면 그 고통에서 내가 벗어난다. 용서하지 못한 나는 고통스럽게 사는데 내게 죄를 지은 사람은 편안하게 사는 것을 보면 더욱 화가 날 수 있다.

내가 용서하지 않는다고 내게 죄를 지은 그가 괴로움을 당하는 것이 아니다. 용서하지 않는 내가 고통스럽고 불행해지는 것이다. 용서하면 내가 좋아지는 것이다. 용서는 물론 상대를 위해서도 해야 하겠지만 나를 위해서 해야 한다. 나를 위해 용서하고 용서한 것은 다시 기억하지 말고 다시 화제 삼지 말아야 한다. 그것이 나를 위하는 일이다.

성급한
관계 회복의 위험

다윗은 구약시대 이스라엘의 두 번째 왕이다. 그에게는 아들이 여러 명 있었고 딸도 있었다. 하나님의 법은 한 남자와 한 여자가 결혼을 하여 가정을 이루는 것이다. 안타깝게도 다윗은 그렇게 하지 못했다. 부인을 여러 명 두었다. 그러다 보니 부인들 사이에서 태어난 자녀들이 많았다. 사람 생각에는 아내가 많고 또 그렇게 해서 낳은 자녀가 많다면 그로 인해 행복할 것 같지만 그렇지 않다. 하나님의 말씀대로 할 때가 가장 행복하다.

다윗의 집안 사정을 듣고 그 집에 갈등이 꽤 많았겠다고 예상하는 이들이 있을 것이다. 그렇다. 다윗의 집에는 참으로 갈등이 많았다. 자녀들 사이도 마찬가지였다. 일반적인 가정에서 일어날 수 없는 일들이 다윗의 집에서는 일어났다.

아들 중에 암논이란 아들이 있었다. 그에게는 이복異腹 여동생이 하나 있었다. 이름은 다말이다. 이 여동생을 연모한 암논이 그 여동생을 유인해서 성폭행했다. 그러고는 그녀를 미워하고 쫓아냈다. 이 일을 당한 다말이 친오빠를 찾아갔다. 그의 이름은 압살롬이다. 오빠에게 가서 울면서 사실을 다 털어 놓았다. 오빠는 아무에게도 이 일을 이야기하지 말라고 하고 그것을 마음에 품은 채 2년을 기다렸다. 2년 후에 압살롬은 암논을 죽였다.

암논을 죽인 후에 압살롬은 외할아버지에게로 도망갔다. 그의 외할아버지는 그술 왕이다. 그곳에서 3년을 지냈을 때 다윗의 마음이 그 아들 압살롬을 향하여 간절한 것을 보고 다윗의 신하 요압은 다윗으로 하여금 압살롬을 불러들이게 했다. 압살롬을 이스라엘 땅으로 불러오기는 했지만 다윗은 그 아들을 대면하지는 않았다. 그렇게 몇 년을 지내던 압살롬이 아버지를 상대로 쿠데타를 일으켰다. 다윗은 아들이 일으킨 반역으로 인해 피신을 가는 우여곡절을 겪은 끝에 결국 압살롬은 죽고 반역은 실패로 끝났다.

암논을 죽인 압살롬은 회개하지 않았다. 어쩌면 그는 회개할 필요성을 느끼지 못했는지 모른다. 암논이 자기 여동생에게 한 일을 생각하면서 그는 죽어 마땅하다고 생각했을지 모른다. 자신이 저지른 '살인'을 암논이 행한 '간음'에 대한 심판으로 생각했는지 모른다. 그러나 분명한 것은 암논이 지은 죄가 중하지만 그렇다고 그것이 압살롬의 살인을 정당화해 주는 것은 아니다. 간음을 했다 할지라도 그를 죽인 행위는 분명 살인이다. 이 일 후에 그가 외할아버지에게로 도망을 간 것을 보면 압살롬도 그것이 죄인 줄은 알았다. 그럼에도 그는 회개하는 대신 암논이 지은 죄를 생각하며 자신의 죄를 합리화하고 정당화했던 것 같다. 성경 어디를 보아도 압살롬이 회개했다는 기록이 없다. 그런 압살롬과의 관계 개선을 청한 요압의 제안은 성급했다.

압살롬은 암논을 죽인 죄를 회개했어야 한다. 그 이전에 동생을 범한 암논을 용서했어야 한다. 만약 압살롬이 암논의 죄를 용서했다면 암논을 죽이는 죄를 짓지 않았을 것이다. 그러면 그는 이처럼 불행하게 죽지는 않았을 것이다. 회개와 용서 카드를 던져버린 압살롬은 불행했다.

    회개와 용서는 선택이 아니라 필수다. 자신의 마음에 들어와 있는 다른 사람의 죄를 없애야 한다. 그래야 죄로부터 자유로워지고 죄의 고통을 피할 수 있다. 만약 우리가 다른 사람의 죄를 용서하지 않고 그것을 계속 내 안에 품고 있으면 그것이 분노가 되고 불면不眠이 되고 괴로움이 된다. 아울러 용서하라는 하나님의 말씀에 순종하지 못한 죄책감에도 사로잡히게 된다. 용서하지 않으면 죄는 다른 사람이 지었는데 고통은 내가 겪는 안타까운 상황에 처한다.

용서카드로 선 결제하라

    "나는 회개했는데 상대가 용서하지 않으면 어떻게 해야 할까?"

    "나는 용서했는데 상대가 회개하지 않으면 어떻게 해야 할까?"

    이런 질문을 할 수 있다.

    놀라운 은혜는 우리가 할 몫만 하면 나머지는 하나님이 하신다는 것이다. 우리가 잘못을 했으면 회개하면 된다. 그가 우리에게 죄를 지었다면 용서하면 된다.

    어떤 사람은 죄를 지은 사람이 회개할 때까지 기다린다. 회개하면 용서하겠다고 기다린다. 잘못한 사람이 회개할 때까지 용서하지 않는다. 죄를 지은 사람이 찾아와 용서를 구하여도 그 회개의 진정성을 확인할 때까지 용서를 보류한다.

용서, 빠르면 빠를수록 좋다. 우리에게 죄를 지은 사람이 회개할 때까지 기다릴 필요 없다. 그의 회개보다 우리의 용서가 빨라도 된다. 논리적으로는 모순인 것 같아도 이것이 하나님의 방식이다.

만약 우리가 우리에게 죄를 지은 사람이 회개할 때까지 기다려야 한다면 평생 우리가 용서할 수 있는 것이 얼마나 되겠는가. 그렇다고 찾아가서 "왜 당신은 내게 회개하지 않느냐"고 재촉할 수 있는 일도 아니다. "나는 지금 당신을 용서할 준비를 하고 있는데 왜 회개를 하지 않느냐"고 할 필요가 없다. 우리에게 죄를 지은 사람이 회개를 하든 말든 상관하지 말고 우리가 먼저 용서하면 된다.

용서는 즉각,
용서의 적용은 적절한 때에

문제는 압살롬과 같은 경우다. 요압은 죄를 지은 사람이 회개하지 않았는데 그를 용서해 주었다. 그런데 압살롬의 경우처럼 오히려 그것이 화를 부를 수 있다. 그래서 우리는, 죄를 지은 사람의 회개 여부와 상관없이 용서해 주려고 하지만 이렇게 될까봐 고민하게 된다. 이 고민을 해결할 수 있는 키가 있다.

"만일 네 형제가 죄를 범하거든 경고하고 회개하거든 용서하라."

이 예수님의 말씀을 적용하는 것이다. 용서와 용서의 적용을 구분하는 것이다.

용서는 우리 마음 안에서 하는 것이다. 죄를 지은 사람의 회개와 상관없이 우리는 마음으로 용서할 수 있다. 이것은 앞에서 살펴본 대로 빠르면 빠를수록 좋다. 죄를 지은 사람이 회개하지 않아도 그 사람의 회개와 상관없이 그를 마음 안에서 용서할 수 있는 능력이 예수를 믿는 우리에게 있다.

용서는 마음에서 바로 해야 한다. 그러나 죄를 지은 사람에게 그 용서를 적용하는 시점은 상황에 따라 적절히 조절할 수 있다. 용서와 용서의 적용 시점을 달리하는 것이다. 우리 마음에서는 즉각 용서하고 그 용서의 적용은 죄를 지은 사람이 진정으로 회개할 때나 지은 죄에 대한 일정한 조치가 끝난 후에 해 주는 것이다.

죄에는 형벌이 있다. 죄를 지었을 때 그에 상응하는 벌을 주어야 한다. 그 죄에 상응하는 조치를 취해야 한다. 자녀가 죄를 지었다면 말로 엄히 꾸짖든지 회초리로 징계하든지 해야 한다. 직원이 잘못했다면 그 죄의 경중에 따라 상응하는 조치를 해야 한다. 그에게 맡겼던 일이나 권한을 회수할 수도 있고 인사 조치를 할 수도 있다. 경우에 따라서는 경찰이나 검찰에 넘길 수도 있다. 이것은 우리 마음에서

한 용서를 죄를 지은 그에게 적용하기 전에 우리가 취할 수 있는 조치이기도 하다.

무슨 죄를 짓더라도 그에게 아무런 조치도 취하지 말아야 한다는 것은 위험한 생각이다. 만약 이렇게 하면 그 어떤 공동체도 세워질 수 없다. 만약 어느 나라가 이렇게 한다면 그 나라는 무너지고 말 것이다.

용서와 용서의 적용 사이에는 시차가 있을 수 있다. 이 시차는 죄를 지은 당사자에게는 근신 기간이 될 수 있고 회개에 합당한 열매를 맺는 시간이 될 수 있다. 주변 사람들에게는 죄에 형벌이 따른다는 사실을 배우고 학습함으로써 죄를 가벼이 여기지 않는 기회가 될 수 있다. 또한 이 기간은 주변 사람들을 납득시키는 기간이기도 하다. 용서를 적용하기 위해 회개의 진정성을 관찰할 수 있는 기간이 될 수 있다.

용서와 용서의 적용을 구분해서 적용하면 다른 사람이 지은 죄 때문에 내가 힘들어하고 고통스러워하지 않아도 된다. 마음으로 즉각 용서하면 되기 때문이다. 그러면서도 회개하지 않은 상태에서 서둘러 용서를 선포하거나 죄에 대한 적절한 조치를 취하지 않은 채 관계를 정상화하는 위험으로부터도 벗어날 수 있다.

죄에 대해 유야무야 넘어가는 것은 능사가 아니다. 용서해야 한다는 것이 상대가 무슨 죄를 지었건 그와 상관없이 계속 그에게 일을 맡기고 그와 동행하고 그와 교제하고 그를 이전처럼 그대로 대해야 한다는 것은 아니다. 죄에 대해서는 때로 단호함이 필요하다. 다윗이 그 아들 압살롬을 향해 내린 조치, 즉 외할아버지에게 도망간 압살롬을 부르지 않은 것은 적절한 조치였다. 그런데 요압이 나서서 회개하지도 않는 압살롬을 데려오게 했다. 그것이 문제를 해결하는 것 같고 관계를 정상화하는 것 같았지만 안타깝게도 그것은 더 큰 문제를 야기한 것이다.

압살롬이 암논을 죽였을 때 단호하게 조치했다면 아들이 일으킨 반역으로 나라가 어지러워지지는 않았을 것이다. 나중에 압살롬이 죽는 장면을 보면 요압이 그를 죽인다. 압살롬이 말을 타고 달려가다 머리가 나무에 걸려 매달린 상태에서 요압이 창으로 그를 찔러 죽였다. 아마 요압도 이때 지난날을 회상하면서 압살롬이 암논을 죽이고 도망갔을 때 데려오지 말 것을 왜 데려왔었나 하고 많이 후회했을 것이다.

이 사건은 진정한 회개 없이 관계를 정상화할 때 따르는 위험을 우리에게 잘 가르쳐 주고 있다.

하나님이 우리에게 맡긴 사람들이 죄를 지었을 때 엄히 꾸짖어야 한다. 조치를 취해야 한다. 때로는 벌을 줘야 한다. 하지만 이때도 우리가 마음으로는 그 죄를 용서해야 한다. 다른 사람의 죄를 없애는 용서카드를 사용해야 한다.

그러나 용서의 적용은 잠시 미뤄둘 필요가 있다. 죄를 지은 그가 진정으로 회개하는 시점에 이르렀을 때 이미 마음으로 한 용서를 그에게 적용하면 된다. 경우에 따라서는 죄를 지은 그에게 일정한 조치를 취한 후 나중에 그것을 풀어주면서 이미 마음으로 한 용서를 적용할 수도 있다. 이렇게 하면 공의도 만족시키고 사랑도 충족시킬 수 있다. 이것이 우리를 향하신 예수님의 용서다.

예수님이 우리를 용서하신 것은 예수님이 십자가에 달려 죽으실 때다. 그때는 우리가 이 세상에 태어나기도 전이다. 우리가 죄인 되었을 때다. 우리가 아직 죄인 되었을 때에 하나님은 우리를 용서해 주셨다.

"우리가 아직 죄인 되었을 때에 그리스도께서 우리를 위하여 죽으심으로 하나님께서 우리에 대한 자기의 사랑을 확증하셨느니라."롬 5:8

예수님이 우리를 위해 죽으신 것은 우리의 죄를 용서하기 위함이다. 예수님은 이천 년 전에 십자가에서 죽으심으로 그 후에 태어날 우리의 죄를 용서해 주셨다. 예수님은 이미 그때 우리의 모든 죄를 용서하셨다.

그러나 그 용서를 우리에게 적용해 주시는 시점은 우리가 우리의 죄를 자복할 때다. 우리가 지은 죄를 깨닫고 슬퍼하며 진정으로 회개할 때다. 미리 용서해 놓으시고 우리가 회개할 때 그것을 그대로 적용해 주셨다.

용서하는 것과 그 용서를 적용하는 것을 구분하고 적용 시점을 적절히 조절한다면 죄와 용서 사이의 갈등과 고민을 피할 수 있을 것이다.

용서는
무한 리필이다

예수 믿는 우리가 소망하는 것이 있다. 그것은 죄를 짓지 않는 것이다. 그중에도 같은 죄를 다시 짓지 않는 것이다. 하지만 이 소망을 이루는 것은 생각만큼 쉽지 않다. 왜냐하면 육신이 연약한 우리는 마음으로는 하나님의 법을 따르고 있지만 육신으로는 죄의 법을 따르고 있을 때가 있기 때문이다.

어떤 사람이 죄 지은 사람에게 "다시는 죄를 짓지 말라"고 엄히 꾸짖으며 "이번에 용서받은 죄와 동일한 죄를 또 지으면 그때는 하나님이 용서하지 않으실 것"이라고 엄포를 놓았다. 물론 얼마나 안타까우면 이렇게까지 말했을까 하고 한편 이해가 된다. 그 마음은 이해가 되지만 그래도 우리는 진리를 말해야 한다. 한번 용서받은 그 죄를 우리가 또 짓고 또 회개해도 하나님은 용서해 주신다. 아마 이렇게 말하면 사람들이 마음 놓고 죄 지을까 봐 경고의 의미로 그렇게 말했을지 모른다.

우리는 삼세번이란 말을 자주한다. 무슨 이유인지는 모르지만 세 번까지는 봐 준다는 말도 자주 한다. 그 속에는 세 번까지는 되지만 그 이상은 안 된다는 의미가 들어 있다. 하나님이 우리에게 이렇게 말씀하시지 않는 것이 큰 은혜다. 왜냐하면 우리는 그보다 훨씬 더 여러 번 같은 죄를 범하기 때문이다.

예수님은 제자들에게 "만일 하루에 일곱 번이라도 네게 죄를 짓고 일곱 번 네게 돌아와 내가 회개하노라 하거든 너는 용서하라"고 가르쳐 주셨다. 용서를 하루에 일곱 번까지만 하라는 것이 아니다. 한 번은 베드로가 예수님께 여쭈었다. "형제가 내게 죄를 범하면 몇 번이나 용서하여 주리이까? 일곱 번까지 하오리이까?" 예수님이 베드로에게 대답하셨다. "네게 이르노니 일곱 번뿐 아니라 일흔 번씩 일곱 번까지라도 할지니라."

돌이켜 보면 우리가 짓는 죄는 그렇게 다양하지 않다. 몇 가지 죄를 반복적으로 짓는다. 그러다 보니 어떤 사람은 "어차피 회개해도 또 죄를 지을 텐데……" 하면서 회개를 하지 않는 경우도 있다. 아니다. 나중에 또 연약하여 그 죄를 다시 짓더라도 지금 하나님 앞에 그 죄를 자백해야 한다. 그러면 용서받는다. 그리고 성령의 도우심을 구해야 한다. "하나님, 이 죄를 또 짓지 않도록 도와주세요."

결제 불가,
단 하나의 죄

흉악범이 교도소에서 예수를 믿게 되었다는 이야기가 신문에 크게 났을 때다. 이 기사를 읽은 예수 믿은 지 얼마 되지 않은 한 성도가 내게 물었다.

"목사님, 그 사람도 천국 가나요?"

"그럼요. 그도 예수를 믿으면 갈 수 있지요."

'진정으로 예수를 믿으면' 이라는 단서를 달아서 대답했다.

"목사님, 그렇다면 제가 천국 가는 것을 심각히 고려해 봐야겠습니다."

물론 조크를 겸해서 그가 한 말이다. 이 말을 하고 함께 웃었다. 아무리 하나님의 사랑이 크고 예수님의 사랑이 커도 그렇게 못된 죄를 지은 사람이 용서받는다는 것이 쉽게 납득이 되지 않았던 모양이다.

성경에 용서받지 못하는 죄에 대한 언급이 있다. 그것은 성령을 훼방하는 것이라고 했다. 개역개정판 성경에는 성령을 훼방하는 것을 성령을 모독하는 것으로 표현했다.

"그러므로 내가 너희에게 이르노니 사람에 대한 모든 죄와 모독은 사하심을 얻되 성령을 모독하는 것은 사하심을 얻지 못하겠고." 마 12:31

그렇다. 성령을 훼방하는 것은 용서받지 못한다. 이외에는 모든 죄가 다 용서받는다.

   문제는 성령을 훼방하는 것이 무엇이냐 하는 것이다. 이것을 이해하기 위해서는 성령이 하시는 일을 알아야 한다. 성령이 하시는 일은 여러 가지다. 그중에 중요한 일이 사람들로 하여금 예수 믿게 하는 것이다.

   성부 하나님이 구원을 계획하시고 성자 예수님이 구원을 성취하시고 성령 하나님이 구원을 적용시켜 주신다. 하나님이 구원할 사람들을 선택하셨다. 예수님은 하나님이 선택하신 그 사람들을 구원하기 위해 십자가에 달려 죽으셨다. 성령님은 이 구원을 하나님이 선택하신 사람들에게 적용시켜 주셨다.

   쉽게 말하면 성령님이 우리로 하여금 예수를 믿게 한다. 성경은 성령으로 아니하고는 누구든지 예수를 주시라 할 수 없다고 증거 한다. 성령이 우리로 하여금 예수를 믿게 한다는 사실을 알면 성령을 훼방하는 것이 무엇인지 알 수 있다. 성령을 훼방하는 것은 성령께서 예수 믿으라고 하는 것을 거역하고 훼방하는 죄다. 곧 예수 믿지 않는 죄다. 예수 믿지 않는 죄 외에는 그 어떤 죄도 우리는 다 용서받는다.

   "너희의 죄가 주홍 같을지라도 눈과 같이 희어질 것이요 진홍 같이 붉을지라도 양털 같이 희게 되리라." 사 1:18

14장
하늘나라에서 발급 받은 카드 두 장은 우리를 다시 살게 한다

넘어질 수 있다
넘어지니 사람이다

넘어지고 싶어 넘어지는 사람은 없을 것이다. 그런데 살다 보면 넘어질 때가 있다. 넘어지고 나면 좌절을 경험한다. 좌절은 사람으로 하여금 넘어진 그 자리에 주저앉게 만든다. 좌절의 깊이에 따라 넘어진 채로 그 자리에 주저앉아 있는 시간의 길이가 달라진다. 잠시 주저앉아 있다가 바로 일어나는 사람도 있고 주저앉은 채로 살다가 생을 마치는 사람도 있다.

우리는 살다 보면 실패할 수도 있고 실수할 수도 있고 죄를 지을 수도 있다. 사람이니 그렇다. 하나님은 넘어지지 않으신다. 그분은 실패하지도 실수하지도 죄를 짓지도 않으신다. 우리는 넘어지지 않는 하나님이 아니라 넘어질 수 있는 사람이다.

넘어졌을 때 삶을 서둘러 포기하는 사람이 있다. 넘어졌으니 어떻게 하겠냐면서 포기한 채로 남은 삶을 고통스럽게 사는 사람들이 있다. 개중에는 넘어졌을 때 아예 그 길로 생을 마감하려고 하는 사람들도 있다. 다시 일어날 용기가 없고 다시 일어날 힘이 없기 때문에 이런 극단적인 생각까지 하는 것 같다. 그러나 이것은 아니다.

성경을 보면 넘어진 사람들이 많이 나온다. 그중에는 넘어졌지만 다시 일어난 사람들이 있다. 대표적인 사람이 다윗이다. 다윗의 별명은 '하나님의 마음에 합한 사람' 이다. 그런 다윗이 넘어졌다. 그것도 크게 넘어졌다. 하지만 그는 다시 일어났다.

다윗은 소년 시절에 골리앗을 물맷돌로 쓰러뜨림으로 혜성처럼 이스라엘 역사에 등장했다. 그의 인기는 당시 왕이었던 사울을 훌쩍 뛰어 넘었다. 이 일로 그는 왕의 눈총을 받았고 견제를 당해야 했다. 한 일이라고는 골리앗을 물리쳐 나라를 위기 가운데서 건진 것밖에 없는데 그는 자신을 죽이려는 사울 왕의 눈을 피해 도망 다녀야 했다. 사울 왕을 죽일 수 있는 기회가 있었지만 하나님의 기름 부으심을 존중하여 그렇게 하지 않았다. 이런 과정을 거쳐 그는 이스라엘의 왕이 되었다. 다윗은 왕이 되어 이스라엘을 흥왕하게 했다. 많은 전쟁에서 승리하였다. 소년 시절부터 이스라엘의 왕이 되기까지 다윗은 모범생이었다. 그런 다윗이 넘어졌다.

우리가 잘 아는 우리아의 아내 밧세바를 범한 사건이다. 이 일 후에 하나님은 나단 선지자를 보내 다윗을 책망하셨다. 이 책망을 들은 다윗은 즉각 "내가 여호와께 죄를 범하였다"고 회개했다.

아직 끝나지 않았다

사람이 살면서 죄를 짓는다 해도 다윗이 지은 이런 죄를 짓는 경우는 흔치 않다. 그 정도로 다윗은 치명적인 죄를 지었다. 하나님 앞에도 사람 앞에도 고개를 들기 어려운 죄를 지었다. 간음에 살인까지 했다. 죄를 지은 후에 그 죄를 은폐하려고 했다. 파렴치한 범죄다. 이정도면 그의 인생은 끝나야 하고 그의 왕위도 끝나야 할 것 같다. 그런데 그는 다시 일어났다. 하나님께 다시 일어날 수 있는 기회를 얻었다. 다시 시작할 수 있는 은혜를 입었다.

"내가 여호와께 죄를 범하였나이다."

이것이 열쇠다. 다윗은 회개했다. 다윗은 철저하게 회개했다. 시편 51편은 다윗이 넘어진 후에 회개한 내용이다. 그는 철저하게 회개했다. 그의 회개를 직접 한번 들어보자.

하나님이여 주의 인자를 따라 내게 은혜를 베푸시며

주의 많은 긍휼을 따라 내 죄악을 지워 주소서.

나의 죄악을 말갛게 씻으시며 나의 죄를 깨끗이 제하소서.

무릇 나는 내 죄과를 아오니 내 죄가 항상 내 앞에 있나이다.

내가 주께만 범죄하여 주의 목전에 악을 행하였사오니

주께서 말씀하실 때에 의로우시다 하고

주께서 심판하실 때에 순전하시다 하리이다.

내가 죄악 중에서 출생하였음이여

어머니가 죄 중에서 나를 잉태하였나이다.

보소서 주께서는 중심이 진실함을 원하시오니

내게 지혜를 은밀히 가르치시리이다.

우슬초로 나를 정결하게 하소서 내가 정하리이다.

나의 죄를 씻어 주소서 내가 눈보다 희리이다.

내게 즐겁고 기쁜 소리를 들려 주시사

주께서 꺾으신 뼈들도 즐거워하게 하소서.

주의 얼굴을 내 죄에서 돌이키시고

내 모든 죄악을 지워 주소서.

하나님이여 내 속에 정한 마음을 창조하시고

내 안에 정직한 영을 새롭게 하소서.

나를 주 앞에서 쫓아내지 마시며

주의 성령을 내게서 거두지 마소서.

주의 구원의 즐거움을 내게 회복시켜 주시고
자원하는 심령을 주사 나를 붙드소서.시 51:1-12

넘어질 수 있다. 넘어지지 않는 것이 가장 이상적이지만 우리가 지금까지 살펴본 대로 하나님의 마음에 합한 사람 다윗도 넘어졌다. 넘어지면 끝난다고 생각한다. 그렇다면 다윗은 여기서 끝이 나야 했다. 그러나 다윗은 끝나지 않았다. 다윗은 일어났다.

다윗을 다시 일어나게 한 것은 회개다. 회개하면 다시 일어난다. 회개하면 다시 시작할 수 있다. 다윗도 죄를 지었고 가룟 유다도 죄를 지었다. 한 사람은 다시 일어났고 한 사람은 일어나지 못했다. 가룟 유다와 다윗의 차이는 지은 죄의 차이가 아니다. 죄를 지은 후에 회개를 했느냐 하지 않았느냐의 차이이다. 다윗은 회개했고 가룟 유다는 회개하지 않았다.

넘어졌을 때는 회개해야 한다. 그래야 다시 일어날 수 있다. 다윗이 정신을 차리고 자신이 한 일을 뒤돌아볼 때 얼마나 부끄럽고 수치스러웠겠는가. 요압 보기도 부끄럽고 가서 밧세바를 데려오라고 시켰던 부하 보기도 쉽지 않았을 것이다. 사람들의 따가운 시선이 부담스러웠을 것이다. 그래서 아마도 사람들은 넘어지면 일어나려고 하기보다 도망가고 숨는지 모르겠다. 그러나 그것은 일어서는 길이 아니다.

일어서기 위해서는 회개해야 한다. 그러면 일어나진다. 다시 일어나면 사람들의 시선도 바뀐다. 세상에는 넘어진 자를 향해 돌을 던지는 사람들만 있는 것이 아니다. 넘어졌으나 다시 일어난 사람을 향해 등을 토닥여주는 사람들이 많다. 다시 일어나줘서 고맙다고 손잡아주는 사람들이 많다.

넘어진 사람이 회개할 때는 그를 용서해야 한다. 그가 다시 일어날 수 있도록 해주어야 한다. 그가 다시 시작할 수 있도록 도와주어야 한다. 간음하다 현장에서 붙잡힌 여인을 향해 예수님이 "나도 너를 정죄하지 아니하노니 가서 다시는 죄를 범하지 말라"고 말씀하며 그에게 다시 기회를 주신 것 같이 우리도 넘어진 자를 향해 돌을 던지기보다 그가 다시 일어날 수 있도록 도와주어야 한다.

다윗은 이후에도 인구조사 건으로 또 넘어졌다. 하나님을 전적으로 신뢰하기보다 군사의 수를 의뢰하려는 동기에서 인구조사를 했던 것이다. 그는 이때도 그 마음에 자책하고 여호와께 회개했다.

"내가 이 일을 행함으로 큰 죄를 범하였나이다. 이제 간구하옵나니 종의 죄를 용서하여 주옵소서. 내가 심히 미련하게 행하였나이다."

대상 21:8

다윗은 회개하고 다시 일어났다.

"회개하라."

이것은 "다시 일어나라, 다시 시작하라"는 말이다.

지금
다시 시작하면 된다

구약성경에 나오는 야곱은 이삭의 쌍둥이 아들 가운데 동생이다. 할아버지 이름이 아브라함이다. 야곱은 하나님이 택한 사람이다.

사람들은 잔꾀가 능한 사람을 가리켜 '약아빠졌다'고 한다. 야곱도 여기에 해당될 만한 사람이다. 형이 배고픈 틈을 타서 팥죽 한 그릇으로 형의 장자권을 차지했다. 아버지를 속여 형의 축복을 가로채기도 했다. 이 일로 형의 미움을 산 야곱은 도망치듯이 외삼촌 집으로 갔다.

우리가 아는 사람 중에 만약 야곱 같은 사람이 있다면 아마 우리는 어디 가서 야곱을 안다는 이야기를 하지 않을 것 같다. 그런데 하나님은 이런 야곱을 다시 찾아가셨다. 외삼촌 집으로 가는 길에서 돌을 베개 삼아 잠을 청한 야곱을 찾아가 '네가 누워 있는 땅을 내가 너와 네 자손에게 주리라'고 하시며 '땅의 모든 족속이 너와 네 자손으로 말미암아 복을 받을 것이라'고 말씀하셨다. "내가 너와 함께 있어 네가 어디로 가든지 너를 지키며…… 너를 떠나지 않을 것"이라고 약속하셨다.

베드로는 예수님의 제자 중에 수제자로 불리는 사람이다. 제자 훈련을 받는 3년 동안에 실수를 많이 한 사람이다. 예수님이 잡히시기 전에 그는 '내가 주와 함께 죽을지언정 주를 부인하지 않겠다'고 큰 소리를 쳤다. 그러나 막상 예수님이 잡히신 후에는 어린 여종 앞에서 예수님을 세 번이나 부인했다.

예수님은 십자가에 죽으신 지 3일 후에 부활하셨다. 야곱이 한 일과 다윗이 한 일을 하나님이 다 아셨던 것처럼 예수님은 베드로가 한 일을 다 아셨다. 그런데도 부활한 예수님은 베드로를 다시 찾아가셨다. 가셔서 야단치며 따지지 않으셨다. 예수님은 베드로를 비롯한 제자들에게 평강을 주셨다.

"너희에게 평강이 있을지어다."

다윗, 야곱, 베드로. 이들은 하나님의 사람이지만 넘어진 사람들, 실수한 사람들, 잘못한 사람들이다. 그런데 하나님은 이들을 버리지 않으셨다. 다시 찾아가셨다. 그들을 찾아가 때로는 책망하시며 때로는 위로하시며 다시 시작할 수 있는 은혜를 주셨다. 이들은 넘어졌으나, 쓰러졌으나, 크게 죄를 범하였으나 다시 시작할 수 있는 기회를 얻었다.

우리는 하나님의 자녀들이다. 하나님의 사람들이다. 하나님에 의해 택함 받은 사람들이다. 우리에게도 이 은혜는 그대로 임한다. 우리도 각각 경중의 차이는 있을지 몰라도 넘어질 때가 있고 곁길로 갈 때가 있다. 그럼에도 하나님은 우리를 버리지 않으신다. 우리를 떠나지 않으신다. 넘어진 우리를 다시 찾아오셔서 우리에게 다시 일어설

수 있는 은혜를 주신다. 다시 시작할 수 있는 기회를 주신다.

낙망하지 말고 포기하지 말아야 한다. 이제는 하나님이 나를 쓰지 않으실 것으로 생각하고 순결을 지키지 못했으니 하나님이 나를 파트너로 삼지는 않으실 것이라고 단정해서는 안 된다.

하나님은 다시 시작할 수 있는 은혜를 베푸시는 분이다. 우리에게는 다시 시작할 수 있는 근거인 예수 그리스도의 피가 있다. 그 피로 우리의 모든 죄는 깨끗하게 씻어졌다. 마치 그런 죄를 지은 적이 없었던 것처럼 흔적도 없이 그 피는 우리 죄를 깨끗하게 지워버렸다. 이렇게 되면 우리는 다시 깨끗한 사람이 된다. 하나님이 쓰시는 바로 그 깨끗한 사람이 된다. 지금 다시 시작하면 된다.

하늘나라 카드로 결제하고 오늘을 살라

우리에게는 옛날로 불리는 과거, 오늘로 표현되는 현재, 그리고 앞으로 다가올 미래가 있다. 옛날은 지나갔다. 이미 지나갔다. 되돌릴 수 없다. 좋았던 일도 나빴던 일도 마찬가지다. 성공도 실패도 이미 지나간 일이다. 그것을 통해 우리는 교훈을 얻었다. 그러면 충분하다. 과거의 실패 혹은 성공을 통해 얻은 교훈을 오늘에 적용하면 된다.

과거에서 벗어나야 한다. 좋은 과거든 나쁜 과거든 그 과거로부터 벗어나야 한다. 잘살던 사람이 있었다고 하자. 그런데 회사가 부도가 나서 아주 어렵게 되었다. 이 사람이 지금 할 일은 '아, 옛날이여'가 아니다. 그렇게 한다고 해서 오늘 달라지는 일은 아무것도 없다. 사장으로 결재하던 그 옛날만 생각하고 그 생각에 매여 지내면 그는 아무것도 할 수 없다. 식구들 굶는다.

옛날이 아닌 오늘을 살아야 한다. 우리는 잠시 옛날에 좋았던 때를 추억하며 그리워할 수 있다. 이런 것은 아름다운 일이다. 그러나 그것에 매여 지낸다면 그것은 오늘을 사는 것이 아니다.

좋은 과거뿐 아니라 나쁜 과거로부터도 벗어나야 한다. 과거에 폭행을 당했다. 사고를 당했다. 학대를 받았다. 실연을 당했다. 그런 일이 없었으면 좋았겠지만 이미 그런 일을 당했다. 그런데 만약 그것으로부터 벗어나지 못하고 계속해서 그 과거에 매여 지낸다면 결국 그 과거에 오늘도 내일도 다 묶여 버린다. 평생을 과거에 만났던 사람들을 원망하고 증오하며 살아서 얻는 유익이 무엇인가.

좋은 과거든 나쁜 과거든 우리는 과거로부터 벗어나야 한다. 그리고 오늘을 살아야 한다. 힘차게, 신나게, 즐겁게, 새롭게.

우리가 과거로부터 벗어날 수 있는 길이 예수다. 예수 안에서 우리는 과거로부터 진정 자유로울 수 있다. 과거의 성공과 실패로부터도 우리의 실수와 죄로부터도 우리는 진정 자유로울 수 있다. 예수님이 주신 회개와 용서. 이 둘은 우리를 과거로부터 자유롭게 한다.

사명선언문

너희가 흠이 없고 순전하여……세상에서 그들 가운데 빛들로
나타내며 생명의 말씀을 밝혀 _ 빌 2:15-16

1. 생명을 담겠습니다
만드는 책에 주님 주신 생명을 담겠습니다.
그 책으로 복음을 선포하겠습니다.

2. 말씀을 밝히겠습니다
생명의 근본은 말씀입니다.
말씀을 밝혀 성도와 교회의 성장을 돕겠습니다.

3. 빛이 되겠습니다
시대와 영혼의 어두움을 밝혀 주님 앞으로 이끄는
빛이 되는 책을 만들겠습니다.

4. 순전히 행하겠습니다
책을 만들고 전하는 일과 경영하는 일에 부끄러움이 없는
정직함으로 행하겠습니다.

5. 끝까지 전파하겠습니다
모든 사람에게, 땅 끝까지, 주님 오시는 그날까지
복음을 전하는 사명을 다하겠습니다.

서점 안내

광화문점	서울시 종로구 새문안로 69 구세군회관 1층 02)737-2288 / 02)737-4623(F)
강남점	서울시 서초구 신반포로 177 반포쇼핑타운 3동 2층 02)595-1211 / 02)595-3549(F)
구로점	서울시 동작구 시흥대로 602, 3층 302호 02)858-8744 / 02)838-0653(F)
노원점	서울시 노원구 동일로 1366 삼봉빌딩 지하 1층 02)938-7979 / 02)3391-6169(F)
일산점	경기도 고양시 일산서구 중앙로 1391 레이크타운 지하 1층 031)916-8787 / 031)916-8788(F)
의정부점	경기도 의정부시 청사로47번길 12 성산타워 3층 031)845-0600 / 031)852-6930(F)
인터넷서점	www.lifebook.co.kr